国家中等职业教育改革发展示范学校规划教材·物流服务与管理专业

仓储与配送实训指导书

主　编　李俊梅　孙明贺
副主编　何丽丽　张宝江

中国财富出版社

图书在版编目（CIP）数据

仓储与配送实训指导书 / 李俊梅，孙明贺主编 . —北京：中国财富出版社，2015.3
（国家中等职业教育改革发展示范学校规划教材 . 物流服务与管理专业）
ISBN 978 - 7 - 5047 - 5635 - 0

Ⅰ. ①仓⋯　Ⅱ. ①李⋯ ②孙⋯　Ⅲ. ①仓库管理—中等专业学校—教材②物资配送—物资管理—中等专业学校—教材　Ⅳ. ①F253

中国版本图书馆 CIP 数据核字（2015）第 069496 号

策划编辑	崔　旺		**责任印制**	何崇杭
责任编辑	敬　东　崔　旺		**责任校对**	梁　凡

出版发行	中国财富出版社			
社　　址	北京市丰台区南四环西路 188 号 5 区 20 楼		**邮政编码**	100070
电　　话	010 - 52227568（发行部）			010 - 52227588 转 307（总编室）
	010 - 68589540（读者服务部）			010 - 52227588 转 305（质检部）
网　　址	http：//www.cfpress.com.cn			
经　　销	新华书店			
印　　刷	中国农业出版社印刷厂			
书　　号	ISBN 978 - 7 - 5047 - 5635 - 0/F · 2345			
开　　本	787mm×1092mm　1/16		**版　　次**	2015 年 3 月第 1 版
印　　张	10.75		**印　　次**	2015 年 3 月第 1 次印刷
字　　数	223 千字		**定　　价**	25.00 元

前　言

　　仓储与配送是物流服务与管理专业的核心专业课程之一。根据国家中等职业教学标准及河北经济管理学校物流服务与管理专业重点培养面向应用型、技能型物流职业人才的定位和中高职学生的特点，作为专业核心课《仓储与配送实训指导书》课程的定位是：通过本门课程的学习，要求学生以模拟第三方物流企业的各部门业务为范例，按照符合物流企业实际的操作流程，通过对仓储、配送两个主要业务环节的仿真模拟操作，使学生掌握仓储配送各个作业环节管理的基本方法和手段。通过对客户需求分析、货品的入库、出库及移库操作、配送作业操作以及车辆调度操作等流程的实际演练，使学生理解物流各个环节的操作原理和相互之间的关系。通过学生小组合作完成任务，培养其处理问题的方式方法，提高学生的团队协作能力和沟通能力。

　　本课程按照工作过程系统化的教学要求，以企业实际工作流程为主线，教学做合一，学生在做中学、学中做，课堂采用"6＋1＋1"教学模式，即按照资讯、计划、决策、实施、检查、评估六个教学步骤，完成一个项目，进行一次考核。每个任务都由实训名称、实训目标、实训步骤、评价标准、实训总结五个环节构成。总之，在教材的编写过程中，力求使读者通过本书的学习，能够全面地、清晰地掌握仓储与配送操作技能，并为提升学生未来履岗能力打下良好的基础。

　　本书由河北经济管理学校李俊梅、孙明贺任主编，河北经济管理学校何丽丽、东莞环众物流咨询有限公司张宝江任副主编。同时，河北经济管理学校刘杨、贾晓英、张志磊、谢璐、刘丽丽，新疆商贸经济学校姜萍，甘肃省经济学校张文军，河北国储物流有限公司李媛参与编写。全书的框架与结构策划以及修改定稿均由李俊梅完成。

　　本书在编写过程中参考了大量的文献资料，引用了诸多专家学者的研究成果，得到了中国财富出版社编辑的信任与支持，在此表示诚挚的谢意。

　　由于编者水平有限，本书难免有疏漏之处，恳请广大读者和专家批评指正。

编　者

2015 年 1 月

目 录

模块一　仓储概论

能力知识点1　仓储的产生和发展

一、实训名称

仓储的产生和发展。

二、实训目的

1. 掌握仓储的定义；
2. 能阐述仓储产生和发展的过程。

三、实训步骤

步骤一：将班级内学生按照要求分组。
步骤二：准备仓储产生和发展的案例（见案例1）。
步骤三：进行案例分析，各组学生对案例进行讨论。
步骤四：各组对案例分析进行汇报。
步骤五：教师对各组选手进行点评。

案例1

"重农抑商"、"重农贵粟"是中国古代的传统观念。《礼记·王制》云："国无九年之蓄，日不足；无六年之蓄，日急；无三年之蓄，日国非其国也。"粮食问题关系国计民生，历代各朝无不把它摆在治国安邦的重要位置。中国粮食储备的历史十分悠久，早在夏朝，仓储制度就正式成为国家的一项财政制度。此后，历代王朝都设有相应的粮食储备制度。中国仓储业有着悠久的历史，纵观世界，仓储在各国经济发展过程中发挥着非常重要的作用。随着人口的增长和粮食需求的显著增加，中国历代仓储问题不断引起史学研究者的关注，古代仓储研究有了较大的发展。

思考题 ✦➤

1. 结合案例，请简要说明仓储产生的必要性。

_____

_____

_____

2. 请结合课本内容，以小组为单位，共同探讨并绘制我国仓储产生和发展的历程以及各个阶段的代表性事件。

_____

_____

_____

_____

参考答案 ✦➤

1. 在社会化大生产和社会分工的条件下，社会生产和消费在时间和空间上始终存在一定的矛盾：有些产品的生产是季节性的，而消耗是常年的，如粮食；有些产品的生产是常年的，而消耗却是季节性的，如羽绒服。这种时间和空间上的背离决定了商品在社会生产总过程中必须经历从脱离生产过程到进入再生产过程之间的一个阶段，所以仓储的产生具有必然性。

2. 仓储发展的过程如表 1－1 所示。

表 1－1   仓储发展过程

发展阶段	代表性事件	简要概述	备注
原始社会末期	"窖穴"	自给自足有余，储藏产品	我国最早的仓库雏形
古代仓储业	"邸店"	古代商业仓库是随着社会分工和专业化生产的发展而逐渐形成和扩大的	商业仓库的最初形式
近代仓储业	"堆栈"	堆栈业与交通业、运输业、工商业、商品交换的深度和广度关系极为密切	上海码头仓库
社会主义仓储业	配送服务中心	担负着物资的分类、计量、入库、保管、出库、包装及配送等多种职能	仓储管理亦由人工管理逐渐发展为电子计算机自动管理

发展阶段	代表性事件	简要概述	备注
现代化仓储业	自动化立体仓库	生产、流通的枢纽和服务中心；多功能的动态储存新领域	普遍采用电子计算机辅助仓库管理，使中国仓储业进入了自动化的新阶段

四、评价标准（如表 1-2 所示）

表 1-2　　　　　　　　　仓储的产生和发展评分表

考评内容	仓储的产生和发展评价			
	具体内容	分值（分）	学生评分（0.4）	师评（0.6）
考评标准	案例分析准确	20		
	小组讨论积极、热烈	20		
	小组汇报条理清晰	25		
	内容书写完整	15		
	在 15 分钟内完成（超过 1 分钟扣 2 分）	20		
合计		100		

五、实训总结

能力知识点 2　仓储的性质

一、实训名称

仓储的性质。

二、实训目的

1. 掌握仓储的性质；
2. 能阐述仓储的性质。

三、实训步骤

步骤一：将班级内学生按照要求分组。

步骤二：准备仓储的性质的案例（见案例 2）。

步骤三：进行案例分析，各组学生对案例进行讨论。

步骤四：各组对案例分析进行汇报。

步骤五：教师对各组选手进行点评。

案例 2

　　某光电科技有限公司位于广东惠州金源工业区，成立于 1998 年，是一家专业照明器与电气装置产品制造商，是行业的龙头企业。凭借优异的产品品质、卓越的服务精神，获得了客户的广泛认可与赞誉。为了适应新形式下的战略发展需要，公司对现有的客户关系网络进行了整合，在全国各地成立了 35 个运营中心，完善了公司供应链系统、物流仓储与配送系统以及客户服务系统。该公司总部共有成品仓库 3 个，分别是成品一组仓库、成品二组仓库和成品三组仓库。他们是按产品的型号不同而将产品分放在不同的仓库：其中成品一组仓库位于一楼，目的是方便进出货，所以它那里存放的货物相对种类比较多一点，如筒灯、灯盘等。并且所有的外销品也存放在一组。成品二组仓库储存的主要是路轨灯、金卤灯、T4 灯、T5 灯以及光源。公司的几大光源都存放在成品二组仓库。成品三组仓库主要存放特定的格栅灯、吸顶灯、导轨灯以及别的公司的一些产品。

思考题 ✦➡

　　结合案例，简述仓储管理的概念，并分析上述案例中如何体现仓储的性质之一：

— 4 —

不创造使用价值，但创造价值。

_____

_____

_____

_____

_____

_____

_____

参考答案 ✈

　　仓储管理是指对各类商品的进、出、存等仓储业务和作业进行计划、监督、控制与核算等活动的统称。

　　不创造使用价值，但创造价值：仓储不进行生产活动，进入仓库的商品已经经过生产加工，产生其使用价值，如筒灯、灯盘、路轨灯等，已经具有其使用价值。但是仓储增加其价值，因为仓库只进行保管、装卸和流通加工，已增加商品的时间价值和空间价值，从而使商品快速便利地到达客户。如上述灯类商品，正是因为仓储的功能，调节了生产和需求的时间差异，创造了时间价值。因此，如何加快货物周转、提高仓库利用率、减少作业环节、降低货物保管损耗是降低仓储成本的主要途径，也是仓储管理的主要任务。

四、评价标准（如表 1–3 所示）

表 1–3　　　　　　　　　　　　仓储的性质评分表

考评内容	仓储的性质评价			
	具体内容	分值（分）	学生评分（0.4）	师评（0.6）
考评标准	案例分析准确	20		
	小组讨论积极、热烈	20		
	小组汇报条理清晰	25		
	内容书写完整	15		
	在 15 分钟内完成（超过 1 分钟扣 2 分）	20		
	合计	100		

五、实训总结

_____

_____

_____

_____

_____

_____

_____

_____

_____

能力知识点3　仓储活动的意义

一、实训名称

仓储活动的意义。

二、实训目的

1. 掌握仓储活动的意义；
2. 能阐述仓储活动的意义。

三、实训步骤

步骤一：将班级内学生按照要求分组。

步骤二：准备仓储活动的案例（见案例3）。

步骤三：进行案例分析，各组学生对案例进行讨论。

步骤四：各组对案例分析进行汇报。

步骤五：教师对各组选手进行点评。

案例3

××港是中国重要的进口散装化肥灌包港口和集散地之一，每年处理进口化肥灌包量均在 100 万吨以上,保证全国各地农林牧业的正常生产。××港涉及了对化肥多品种,确保各种农作物的需求。同时,在港口的对各种散装化肥进行流通加工,以满足不同类型的需求。

××港从国外进口化肥的装运采用散装方式,到达港口以后,通过门式起重机的抓斗,卸货到漏斗,通过漏斗输送到灌包房,灌包房设有散货灌包机 45～51 吨/时有 28 套。利用灌包机将散装化肥灌成每包 50 公斤装的袋装肥料再进行销售。

××港的散粮钢板筒仓采用美国齐富技术(容量 52000 立方米)和德国利浦技术(容量 70000 立方米)建造,两大系统功能互享,最大程度上对粮谷的装卸、输送、计量、储存、灌包、装船、装车、倒仓、策问、通风、除尘、清仓、灭虫等进行科学有效的控制,将进出仓的合理损耗控制在严格的范围内。港运粮食码头对小麦、大麦、大豆、玉米等农产品多品种的分发操作积累了专业技术优势和仓储保管经验。

思考题

结合案例,简要叙述仓储活动有何意义?

_____

_____

_____

_____

_____

参考答案

搞好仓储活动是社会再生产过程顺利进行的必要条件;××港进口的化肥,无论从种类上还是数量上,是确保全国各种农作业正常生产的必要条件。弥补了农业生产季节性的时间差问题,同时也通过各种运输问题解决了空间问题。这就需要通过搞活流通,搞好仓储活动,发挥仓储活动连接生产与消费的纽带和桥梁作用,借以克服众多的相互分离又相互联系的生产者之间、生产者与消费者之间在商品生产与消费地理上的分离,衔接商品生产与消费在时间上的不一致,以及调节商品生产与消费在方式上的差异,使社会简单再生产和扩大再生产能建立在一定的商品资源的基础上,保证社会再生产的顺利进行。

仓库通过各种设施设备保证商品的使用价值。如××港的散粮钢板筒仓采用美国齐富技术（容量 52000 立方米）和德国利浦技术（容量 70000 立方米）建造，两大系统功能互享，最大程度上对粮谷的装卸、输送、计量、储存、灌包、装船、装车、倒仓、策问、通风、除尘、清仓、灭虫等进行科学有效的控制，将进出仓的合理损耗控制在严格的范围内，保证粮食不变质。

仓库活动中的流通加工是提高商品价值的重要方式。如案例中，通过对散装化肥的流通加工，已达到满足各种类型消费者的需求。此外，搞好仓储活动是加快资金周转，节约流通费用，提高经济效益的有效途径。

四、评价标准（如表 1 - 4 所示）

表 1 - 4　　　　　　　　　　仓储活动的意义评分表

考评内容	仓储活动的意义评价			
考评标准	具体内容	分值（分）	学生评分（0.4）	师评（0.6）
	案例分析准确	20		
	小组讨论积极、热烈	20		
	小组汇报条理清晰	25		
	内容书写完整	15		
	在 15 分钟内完成（超过 1 分钟扣 2 分）	20		
	合计	100		

五、实训总结

_____

_____

_____

_____

_____

_____

_____

_____

_____

_____

能力知识点4　仓库的分类

一、实训名称

仓库的分类。

二、实训目的

1. 掌握仓库的分类标准；
2. 能阐述仓库的不同分类。

三、实训步骤

步骤一：将班级内学生按照要求分组。
步骤二：准备各种类型仓库的图片。
步骤三：竞赛开始，各组学生准备回答。
步骤四：老师对比赛的各组选手进行点评。

读图识物

　　游戏规则：参与竞赛的学生分成 8 个小组，每组 6 个人，每组原始分数 60 分。老师提供各类型仓库的图片（如图 1-1 至图 1-4 所示），各组竞赛回答，先举手者先得回答权。回答错误者减 10 分，回答正确者加 10 分，如果能在回答正确的基础上，正确介绍该种仓库类型的特点，再加 10 分，如果介绍不正确，则减 5 分。并对最终得分最高的团队给予奖励。

图 1-1　生产领域仓库

图 1-2　流通领域仓库

图 1-3　危险品仓库　　　　　　　　图 1-4　冷藏库

附注：不局限于上述图片，同类仓库的图片数量可大于 1 张。

四、评价标准（如表 1-5 所示）

表 1-5　　　　　　　　　　　仓库的分类评分表

考评内容	仓库的分类评价			
	具体内容	分值（分）	学生评分（0.4）	师评（0.6）
考评标准	读图识物准确	20		
	小组讨论积极、热烈	20		
	小组汇报条理清晰	25		
	内容书写完整	15		
	在 15 分钟内完成（超过 1 分钟扣 2 分）	20		
合计		100		

五、实训总结

_____

_____

_____

_____

_____

_____

_____

_____

能力知识点5　仓库的选址

一、实训名称

仓库的选址。

二、实训目的

1. 掌握仓库的分类标准；
2. 能阐述仓库选址应考虑的因素。

三、实训步骤

仓库选址应考虑的因素：

步骤一：教师给定仓库类别，分别有药品仓库、快消品仓库、冷藏品仓库、危险品仓库、家用电器仓库、蔬菜仓库。

步骤二：各小组抽签确定自己的仓库类型。

步骤三：各小组结合本地特点及经济发展优势，分别为各自的仓库选址合适的地址，并介绍在选择地点时应注意的事项。

步骤四：小组介绍。

步骤五：小组互评、教师点评。

思考题

不同类型的仓库选址要求则不同，请每组根据所抽到的类型仓库，通过资料查询，找出各类型仓库选址的注意事项。

①普通仓库；②转运型仓库；③储备型仓库；④燃料及易燃材料仓库；⑤果蔬食品仓库；⑥冷藏品仓库；⑦建筑材料仓库；⑧综合型仓库。

_____

_____

_____

参考答案

1. 一般性仓库选址，应考虑以下因素：

（1）交通方便，利于吞吐，如接近铁路、车站、码头等。

（2）有可靠水源，便于供电或取得其他协作条件。

（3）满足库房与各种建筑物的储运设施建设和使用需要。

（4）地形平坦，地势较高，便于库内运输和排水。

（5）仓库周围不存在产生腐蚀气体、粉尘、辐射热的工厂或车间，至少要处于这些单位的上风处。

（6）工程地质和水文地质条件好。严防在地质断层、岩溶、流沙层、已采矿的坑塌及滑坡上建库，一般也不应选在当地最高水位之下建库。

2. 不同类型仓库在选址时的注意事项（如表1−6所示）。

仓库可分为转运型、储备型和综合型三种，不同类型仓库选址时的注意事项不同。各种类型的仓库在选址时应注意的事项如下。

表1−6 仓库选址注意事项

仓库类型	注意事项
转运型仓库	转运型仓库大多经营倒装、转载或短期储存的周转类商品，大都使用多式联运方式，因此一般应设置在城市边缘地区的交通便利地段，以方便转运和减少短途运输。
储备型仓库	储备型仓库主要经营国家或所在地区的中、长期储备物品，一般应设置在城镇边缘或城市郊区的独立地段，且具备直接而方便的水陆运输条件。
综合型仓库	这类仓库经营的商品种类繁多，根据商品类别和物流量选择在不同的地段。如与居民生活关系密切的生活型仓库，若物流量不大又没有环境污染问题，可选择接近服务对象的地段，但应具备方便的交通运输条件。

3. 经营不同商品的仓库选址注意事项（如表1−7所示）。

经营不同商品的仓库对选址的要求不同，应分别加以注意，以下典型分析蔬菜、冷藏品、建筑材料、危险品等仓库的选址特殊要求。

表1−7 经营不同商品的仓库选址注意事项

仓库类型	注意事项
果蔬食品仓库	果蔬食品仓库应选择入城干道处，以免运输距离拉得过长，商品损耗过大。
冷藏品仓库	冷藏品仓库往往选择在屠宰场、加工厂、毛皮处理厂等附近；有些冷藏品仓库会产生特殊气味、污水、污物，而且设备及运输噪声较大，可能对所在地环境造成一定影响，故多选择在城郊。
建筑材料仓库	通常，建筑材料仓库的物流量大、占地多，可能产生某些环境污染问题，有严格的防火等安全要求，因此应选择在城市边缘，对外交通运输干线附近。

续 表

仓库类型	注意事项
燃料及易燃材料仓库	石油、煤炭及其他易燃物品仓库应满足防火要求,选择城郊的独立地段。在气候干燥、风速较大的城镇,还必须选择大风季节的下风位或侧风位,特别是油品仓库选址应远离居住区和其他重要设施,最好选在城镇外围的地形低洼处。

四、评价标准(如表 1-8 所示)

表 1-8   仓储的选址评分表

考评内容	仓储的选址评价			
	具体内容	分值(分)	学生评分(0.4)	师评(0.6)
考评标准	读图识物准确	20		
	小组讨论积极、热烈	20		
	小组汇报条理清晰	25		
	内容书写完整	15		
	在 15 分钟内完成(超过 1 分钟扣 2 分)	20		
	合计	100		

五、实训总结

_____

_____

_____

_____

_____

_____

_____

_____

_____

_____

_____

能力知识点6　仓库建筑面积总体规划

情境一　仓库面积计算

一、实训名称

丈量仓库面积。

二、实训目的

1. 学会丈量实训基地面积；
2. 建筑面积及有效使用面积计算。

三、实训步骤

步骤一：教师安排各小组工作任务，要求丈量实训基地面积（如图1-5所示）。

步骤二：学生丈量、记录。

步骤三：学生分析建筑面积及有效使用面积。

步骤四：分析仓库的规划是否合理。

步骤五：点评。

思考题

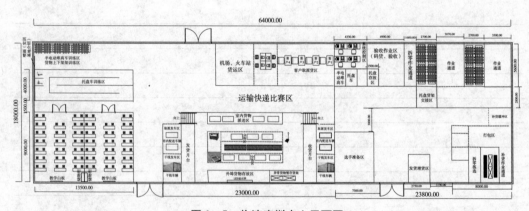

图1-5　物流实训中心平面图

参考答案

建筑面积：$64 \times 18 = 1152$（m^2）

教学区面积：$13.5 \times 9 = 113.5$（m^2）

托盘训练区面积：$13.5 \times 4 = 54$（m^2）

运输快递比赛区面积：$23 \times 8 = 184$（m^2）

仓储与配送区域面积：$23.8 \times (9 + 5.6) = 347.48$（$m^2$）

走道面积：$64 \times 2.8 = 179.2$（m^2）

四、评价标准（如表1-9所示）

表1-9   仓库面积计算评分表

考评内容	仓库面积计算能力评价			
	具体内容	分值（分）	学生评分（0.4）	师评（0.6）
考评标准	计算题计算准确	20		
	小组讨论积极、热烈	20		
	小组汇报条理清晰	25		
	内容书写完整	15		
	在15分钟内完成（超过1分钟扣2分）	20		
合计		100		

五、实训总结

_____

_____

_____

_____

_____

_____

_____

_____

_____

_____

_____

_____

_____

_____

情境二 仓库功能区域规划

一、实训名称

仓库功能区域规划。

二、实训目的

1. 掌握仓库的规划；

2. 学生熟悉仓库如何规划。

三、实训步骤

步骤一：仓库功能区域分析。

1. 仓库平面总体功能分析。

2. 库房内部区域功能分析。

步骤二：仓库区域设计。

仓库几种典型的区域设计：

（1）I型（直线型）布局（如图1-6所示）。此种方式适合于出入口在库房两侧，作业流程简单，规模较小的仓库，无论订单大小和拣货品项多少，均要通过库房全程。

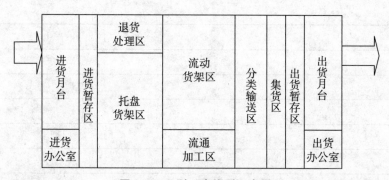

图1-6 I型（直线型）布局

（2）U型布局（如图1-7所示）。适合于出入口在库房同侧的仓库，可根据进出频率大小安排靠近进出口端的储区，缩短拣货搬运路线，这是目前仓库较常采用的路线形式。

（3）S型（锯齿型）布局（如图1-8所示）。通常适用于多排并列的库存货架区内。

步骤三：仓库作业区域设计。

（1）进出货区设计。

（2）仓储区设计。

（3）拣货区设计。

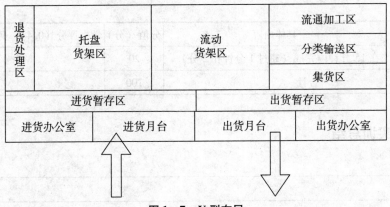

图 1-7　U 型布局

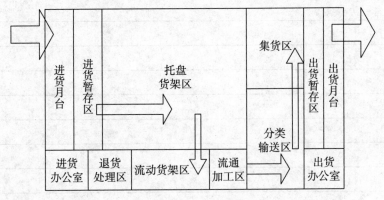

图 1-8　S 型布局

（4）集货区设计。

（5）其他区域平面的设计。

步骤四：仓库通路设计。

（1）通道设计要点。

（2）通道设计方式。

四、评价标准（如表 1-10 所示）

表 1-10　　　　　　　　　　　仓库功能区域规划评分表

考评内容	仓库功能区域规划能力评价			
	具体内容	分值（分）	学生评分（0.4）	师评（0.6）
考评标准	仓库规划准确	20		
	小组讨论积极、热烈	20		
	小组汇报条理清晰	25		
	内容书写完整	15		

考评标准	具体内容	分值（分）	学生评分（0.4）	师评（0.6）
	在 15 分钟内完成（超过 1 分钟扣 2 分）	20		
	合计	100		

五、实训总结

_____

_____

_____

_____

_____

_____

_____

_____

_____

_____

能力知识点 7　仓储业务流程及其组织

一、实训名称

仓储业务流程。

二、实训目的

1. 能阐述仓储的业务流程；

2. 能阐述入库业务流程；

3. 熟悉入库各子流程；

4. 能阐述出库业务流程。

三、实训步骤

步骤一：业务流程分析（如表 1 - 11 所示）。

表 1-11	仓储业务流程	
作业主流程	作业子流程	主要涉及区域
进货入库	预收货	进货月台
	卸货	入库暂存区
	验收	入库验收区
	入库上架	存储区
仓储与库存管理	盘点	存储区
	库存安全	存储区
订单处理	接单	办公室
	库存分配	办公室
补货和拣货	补货	拣货分货区
	拣选	拣货分货区
流通加工	包装	流通加工区
	标示	流通加工区
出货作业	复核	出货合流区
	合流	出货合流区
	点货上车	出货月台
返品作业	返品处理	返品处理区

步骤二：入库流程。

预收货——卸货——验收——入库上架

1. 预收货作业流程（如图 1-9 所示）

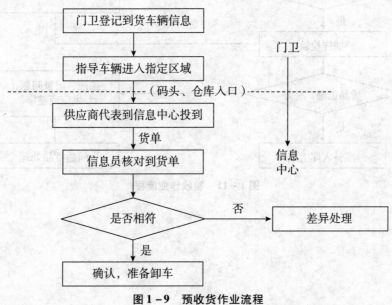

图 1-9 预收货作业流程

2. 卸货作业流程（如图 1 – 10 所示）

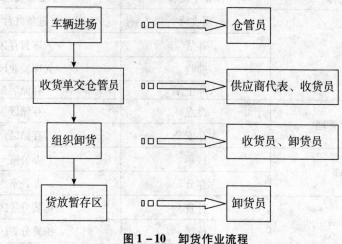

图 1 – 10　卸货作业流程

3. 验收作业流程（如图 1 – 11 所示）

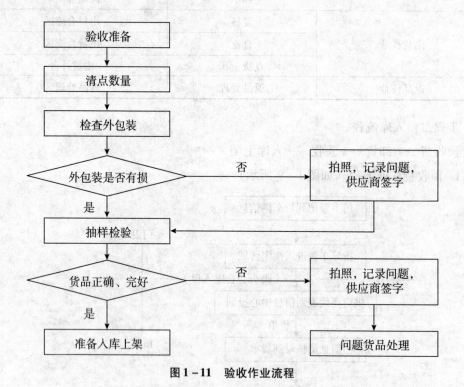

图 1 – 11　验收作业流程

4. 入库上架流程（如图 1 – 12 所示）

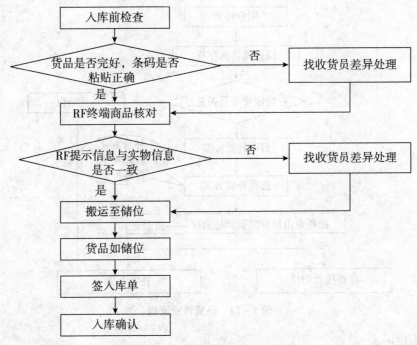

图 1 – 12 入库上架作业流程

步骤三：出库作业流程。

订单处理——补货——拣货——流通加工——出货

1. 订单处理（如图 1 – 13 所示）

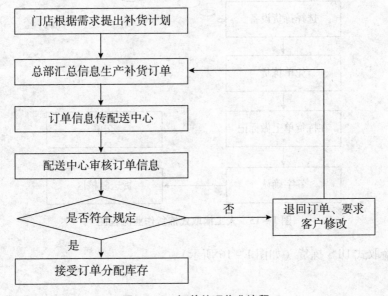

图 1 – 13 订单处理作业流程

2. 补货作业流程（如图 1 – 14 所示）

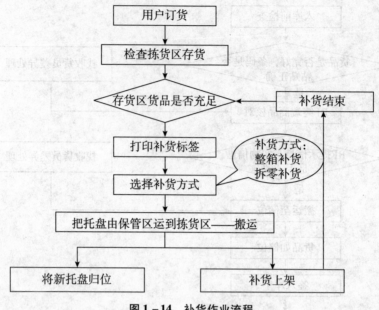

图 1 – 14　补货作业流程

3. 拣货作业流

（1）人工摘取式拣货（如图 1 – 15 所示）。

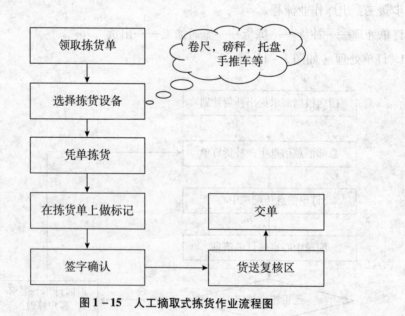

图 1 – 15　人工摘取式拣货作业流程图

（2）摘取式 DPS 拣货（如图 1 – 16 所示）。

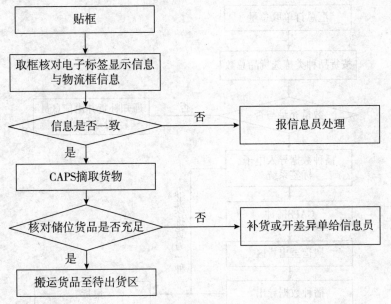

图 1 – 16 摘取式 DPS 拣货作业流程图

（3）人工播种式拣货（如图 1 – 17 所示）。

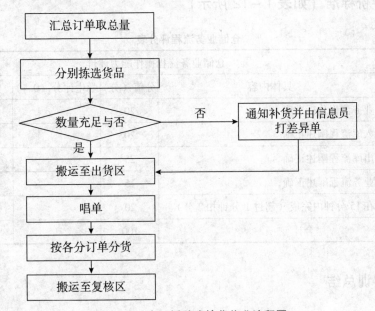

图 1 – 17 人工播种式拣货作业流程图

（4）播种式 DAS 拣货（如图 1 – 18 所示）。

步骤四：出货作业流程。

复核——合流——点货上车

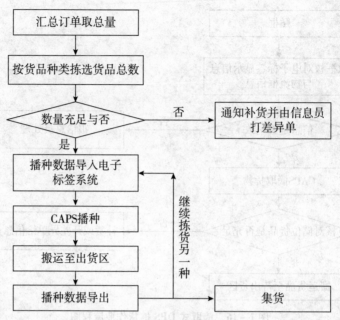

图 1-18　播种式 DAS 拣货作业流程图

四、评价标准（如表 1-12 所示）

表 1-12　　　　　　　　仓储业务流程评分表

考评内容	仓储业务流程操作能力评价			
考评标准	具体内容	分值（分）	学生评分（0.4）	师评（0.6）
	业务流程分析准确	20		
	入库流程阐述正确	20		
	出库流程阐述正确	25		
	业务流程阐述正确；	15		
	在 15 分钟内完成（超过 1 分钟扣 2 分）	20		
	合计	100		

五、实训总结

_____

_____

_____

_____

_____

模块二 仓储设备

能力知识点1 现代仓储设备

一、实训名称

读图识物。

二、实训目的

识别现代仓储设备。

三、实训步骤

步骤一：将班级学生按照要求分组。

步骤二：准备各种类型仓储设备的图片（如图2-1至图2-4所示）。

步骤三：竞赛开始，各组学生准备回答。

游戏规则：参与竞赛的学生分成8个小组，每组6个人，每组原始分数60分。老师提供各类型仓库的图片，各组竞赛回答，先举手者先得回答权。回答错误者减10分，回答正确者加10分，如果能在回答正确的基础上，正确介绍该种仓储设备类型的特点，再加10分，如果介绍不正确，则减5分。并对最终得分最高的团队给予奖励。

步骤四：老师对比赛的各组选手进行点评。

图2-1　电瓶搬运车

图2-2　半自动堆高车

图 2-3　轨道电子秤　　　　　　　　　图 2-4　皮带输送机

附注：不局限于上述图片，同类设备的图片数量可大于 1 张。

四、评价标准（如表 2-1 所示）

表 2-1　　　　　　　　　　　现代仓储设备评分表

考评内容	现代仓储设备评分表			
考评标准	具体内容	分值（分）	学生评分（0.4）	师评（0.6）
	读图识物准确	20		
	学生积极主动	20		
	团队配合	25		
	设备阐述正确	15		
	在 15 分钟内完成（超过 1 分钟扣 2 分）	20		
	合计	100		

五、实训总结

能力知识点2　仓储保管设备

一、实训活动

请说明学校物流实训基地的仓储设备，并说明其作用。（PPT 展示）

二、实训目的

学生熟悉仓储设备及相关设备功能。

三、实训步骤

步骤一：教师指导学生进入物流实训基地，并了解相关仓储设备（以滑动式供架为例，如图 2 - 5 所示）。

图 2 - 5　滑动式货架

步骤二：学生分析汇总仓储设备，分析其使用功能。
步骤三：学生讲解、演示仓储设备。
步骤四：评价。

参考答案

　　滑动式货架具有储存和输送货物的双重功能——动态仓储。货物通过没有斜度的流利条从货架的入口端运输至出口端，而后来的货物依次相接，达到存储的目的，同时实现先进先出（FIFO）。流利式货架可应用在物流中心及仓库的拣选区，也可应用于生产工位旁，存放产品零部件，货物具有流动性。实现先进先出物料流动管理。与普通的层板货架相比较，不仅仅只是提供了一个储物的空间，而是更加节约空间、提高效率，是工厂生产线旁看板管理及物流中心拣选作业的最佳选择，并且可以配合电子标签系统使用。

四、评价标准（如表2-2所示）

表2-2 　　　　　　　　仓储保管设备评分表

考评内容	仓储保管设备操作能力评价			
考评标准	具体内容	分值（分）	学生评分（0.4）	师评（0.6）
	仓储保管设备分析准确	20		
	仓储保管设备功能阐述正确	20		
	学生积极主动	25		
	阐述正确	15		
	在15分钟内完成（超过1分钟扣2分）	20		
	合计	100		

五、实训总结

能力知识点3 仓储计量设备

一、实训名称

案秤及折尺的使用。

二、实训目的

学生能熟练掌握案秤、折尺等日常实用工具的使用。

三、实训步骤

步骤一：教师准备案秤、卷折尺等设备（如图2-6至图2-7所示）。

步骤二：教师准备称量实物。

步骤三：讲解案秤、折尺等使用方法。

步骤四：学生使用相关设备进行称量。

步骤五：教师点评。

图2-6 案秤

图2-7 折尺

四、评价标准（如表2-3所示）

表2-3 仓储计量评分表

考评内容	仓储计量操作能力评价		
考评标准	具体内容	分值（分）	学生评分（0.4）	师评（0.6）
	仓储计量设备分析准确	20		

	具体内容	分值（分）	学生评分（0.4）	师评（0.6）
考评标准	仓储计量设备功能阐述正确	20		
	小组积极主动	25		
	团队配合协作	15		
	在15分钟内完成（超过1分钟扣2分）	20		
合计		100		

五、实训总结

_____

_____

_____

_____

_____

_____

_____

_____

能力知识点4　装卸搬运设备

情境一　手动液压托盘搬运车实训

一、实训名称

手动液压托盘车基本操作。

二、实训目的

1. 熟练掌握手动液压托盘搬运车的操作方法。

2. 熟练使用手动液压托盘搬运车进行搬运。

3. 使用手动液压托盘搬运车进行准确定位。

三、实训准备

手动托盘搬运车在使用时将其承载的货叉插入托盘孔内，由能力驱动液压系统来实现托盘货物的起升和下降，并由人力拉动完成搬运作业。它是托盘运输工具中最简便、最有效、最常见的装卸、搬运工具。

四、实训步骤

操作手动液压托盘搬运车操作方法。

1. 检查舵柄

舵柄的作用是控制液压系统的启动。开启舵柄后，液压系统可以产生压力；释放手柄后，液压系统的压力也随之消失。我校的手动液压托盘搬运车当舵柄置于下方时，搬运车的液压系统启动，如图2-8所示。

图2-8　检查手柄

当舵柄置于上方时，搬运车的液压系统释放。如图2-9所示。

图2-9　手柄上置

因此，检查舵柄的时候我们要求舵柄置于中间，如图2-10所示。

图2-10　手柄居中

2. 将货叉推入托盘槽内

在货叉推入托盘槽内的时候，手柄应与地面或货叉保持垂直。同时，手臂伸直，两手同时抓住手柄的两端。货叉在推入过程中应尽量保持平衡，减少不必要的晃动。

3. 启动液压设备

货叉插入托盘槽后，将手柄的舵柄置于下方，上下摇动手柄，启动液压装置，使货叉带动托盘上升，上升到离地面无摩擦的距离后即可移动。如图2-11所示。

图2-11　启动液压设备

4. 移动货品至目标位置

移动货品的时候，应当尽量保持平衡，避免跑步推叉车和剧烈晃动叉车等不规范性操作的出现。送到货位后，提起舵柄，使货叉下降。

5. 归还设备

将手动液压托盘搬运车归还到指定区域（设备堆放区）停放。

五、评价标准（如表 2 - 4 所示）

表 2 - 4　　　　　　　　手动液压托盘车基本操作评分表

考评内容	手动液压托盘车基本操作能力评价			
	具体内容	分值（分）	学生评分（0.4）	师评（0.6）
考评标准	手动液压托盘车结构识别	20		
	手动液压托盘车推、拉正确	20		
	手动液压托盘车转弯正确	25		
	手动液压托盘车定位正确	15		
	在 15 分钟内完成（超过 1 分钟扣 2 分）	20		
	合计	100		

六、实训总结

_____

_____

_____

_____

_____

_____

_____

_____

_____

_____

_____

_____

_____

情境二　手动液压托盘车实训比赛

一、实训名称

手动液压托盘车操作实训。（PPT 展示或现场展示）

二、实训目的

为加深学生对手动液压托盘车操作技术的了解。

三、实训步骤

步骤一：学生到液压拖盘车旁就位。

步骤二：教师宣布比赛开始并计时。

步骤三：选手将液压拖盘车拉到码货的拖盘处。

步骤四：将液压拖盘车升高，拉动码货拖盘通过障碍物到对面，再拉回原地。

步骤五：再将液压拖盘车拉到放水杯的拖盘处。

步骤六：将液压拖盘车升高，拉动放水杯拖盘通过障碍物到对面，再拉回原地放好。

步骤七：将液压拖盘车放回原位，副裁判停止计时。

四、实训说明

（1）实训时间为 3 分钟，超过 3 分钟的不予计分；

（2）实训过程中，教师负责计时，记录学生的错误原因和错误次数；

（3）一个学生比赛结束后，下一个学生接着进行实训；

（4）托盘上的货物高 3 层，托盘上的水杯有两个，放置在托盘中央，水杯之间相距 5 ~ 10 厘米；

（5）托盘和叉车放置位置为框线围圈的区域，区域比设备大 5 ~ 10 厘米；

（6）通道宽 3 米，长 11 米，最窄通行距离为 1.3 米；

（7）实训场地和路线如图 2 - 12 所示；

（8）比赛结果以质量为第一，时效为第二。质量总分 100 分，各项扣分如表 2 - 5 所示。两个选手有相同质量得分时，时效高的胜出。

五、评价标准（如表 2-5 所示）

表 2-5 液压托盘车单项赛评分标准

项目	扣分
取走托盘时托盘留在原地	-5
液压托盘车撞上边界（由宝特瓶围成）一次	-10
托盘移动中出界（由宝特瓶围成）一次	-5
货物掉落一箱	-5
液压托盘车撞上障碍物（由宝特瓶组成）一次	-10
水杯倾倒	-10
托盘归位出界（托盘已落地）	-5
车辆归位出界	-5
合计	

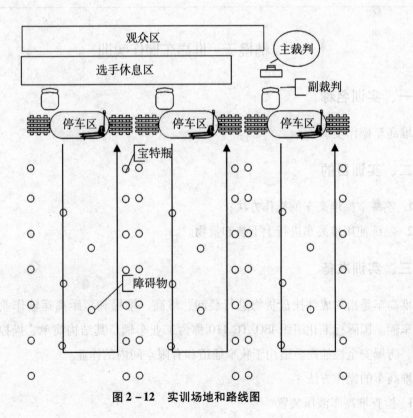

图 2-12 实训场地和路线图

六、实训总结

_____

_____

_____

_____

_____

_____

_____

_____

_____

_____

情境三　堆高车操作实训

一、实训名称

堆高车操作实训。

二、实训目的

1. 熟练掌握堆高车的操作方法；

2. 熟练使用堆高车进行上下装卸货物。

三、实训准备

堆高车是指对成件托盘货物进行装卸、堆高、堆垛和短距离运输作业的各种轮式搬运车辆。国际标准化组织 ISO/TC 110 称为工业车辆。其结构简单、操控灵活、微动性好、防爆安全性能高。适用于狭窄通道和有限空间内的作业。

堆高车的操作方法：

1. 检查堆高车液压装置

堆高车的液压装置与叉车不同，堆高车是依靠旋钮控制液压启动。拧紧旋钮，液压系统可以产生压力；拧松旋钮后，液压系统的压力也随之消失，如图 2 – 13 所示。

图 2 – 13　堆高车液压装置

2. 将货叉推入托盘槽内

在货叉推入托盘槽内的时候，手臂伸直，两手同时抓住手柄的两端。货叉在推入过程中应尽量保持平衡，减少不必要的晃动。

3. 启动液压设备

货叉插入托盘槽后，可以通过脚踩或者手压两种方式启动液压装置。将托盘抬升到高于货架的位置即可。如图 2 – 14 所示：

图 2 – 14　堆高车液压装置

4. 移动货品至目标位置

移动货品的时候，应当尽量保持平衡，避免晃动等不规范性操作的出现。送到货位后，释放液压设备，使货叉下降，将托盘平稳地放置在货架上，再次释放液压装置，这一次要注意把握尺度，以使货叉可以毫无障碍地被取出。

5. 归还设备

将堆高车归还到指定区域（设备堆放区）停放。

四、评价标准（如表2-6所示）

表2-6   手动堆高车基本操作评分表

考评内容	手动堆高车基本操作能力评价			
考评标准	具体内容	分值（分）	学生评分（0.4）	师评（0.6）
	手动堆高车结构识别	20		
	手动堆高车推、拉正确	20		
	手动堆高车转弯正确	25		
	手动堆高车定位正确	15		
	在15分钟内完成（超过1分钟扣2分）	20		
合计		100		

五、实训总结

_____

_____

_____

_____

_____

_____

_____

_____

_____

_____

情境四　电动叉车实训比赛

一、实训名称

电动叉车操作实训。（PPT展示或现场展示）

二、实训目的

为加深学生对电动叉车操作技术的了解。

三、实训任务

每个学生在3分钟内完成搬运托盘（上置水杯，每次一个托盘），要求沿着指定路线行走，并将其放在指定的库位。

四、实训步骤

步骤一：学生听裁判哨声开始比赛，计时开始。

步骤二：实训学生驾驶电动叉车，由停车位出发，正向沿行进路线至托盘存放区。

步骤三：将托盘存放区内托盘货物（托盘货物上放置一水瓶）沿行进路线行驶。

步骤四：每个货位处不规则地设有障碍物，比赛要求在 A 区和 E 区（如图 2 – 15 所示），托盘要停一下，然后将手动叉车驶回停车位置（无须再绕过障碍物）。

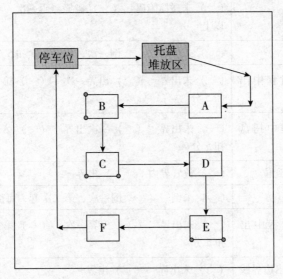

图 2 – 15　货位示意

五、实训说明

（1）实训时间为3分钟，超过3分钟的不予计分；

（2）实训过程中，教师负责计时，记录学生的错误原因和错误次数；

（3）一个学生比赛结束后，下个学生接着进行实训；

（4）托盘上的货物高3层，托盘上的水杯有两个，放置在托盘中央，水杯之间相距5～10厘米；

（5）托盘和叉车放置位置为框线围圈的区域比设备大5～10厘米；

（6）叉车需要经过 A、B、C、D、E、F 最终到达停车位。

六、评价标准（如表 2 – 7 所示）

表 2 – 7　　　　　　　　　电动叉车操作评分表

电动叉车比赛项目		裁判员签字：　　　　　　　　选手签字：		
比赛计时		选手姓名：　　　　选手号：		
手动搬运车操作		－0 分	－3 分	－5 分
取托盘	操作规范（升降叉，行进中）	（　）操作完全正确	（　）有一处错误	（　）一处以上
	叉取托盘到位	（　）一次插到位	（　）多次后插到位	（　）未到位就走
	取托盘过程中边缘出界	（　）未出界	（　）出界，第二次起每出界一次扣5分	
过障碍物	过障碍物	（　）未碰撞障碍	（　）碰撞障碍一次	（　）碰撞障碍一次以上
	水瓶状况	（　）未倒	（　）倒一次，每倒一次扣5分	
	在行进过程中出边界线	（　）未出界	（　）出界一次	（　）第二次起，每出界一次扣5分
放托盘	放置过程中托盘边缘出界	（　）未出界	（　）一次出界	（　）第二次起，每出界一次扣5分
	托盘放置到位	（　）放置界内	（　）出界	
	水瓶状况	（　）未倒	（　）倒一次，第二次起，每倒一次扣5分	
	在行进过程中出边界线	（　）未出界	（　）出界一次	（　）第二次起，每出界一次扣5分
车辆归位	在归位时出边界线	（　）未出界	（　）出界	

七、实训总结

_____

_____

_____

_____

模块三 商品出入库业务

能力知识点1 商品入库

一、实训名称

商品入库。

二、实训目的

1. 学会商品入库通知单的填写；
2. 学会商品送货单的填写；
3. 学会商品交接单的填写；
4. 学会商品验收单的填写。

三、实训准备

安排学生于当地一家仓储公司进行商品入库实操，包括商品接运、商品验收和建立商品档案三方面，做好以下物品的验收及入库工作，如表3-1所示。基本要求是：保证入库商品数量准确，质量符合要求，包装完整无损，手续完备清楚，入库迅速。

表3-1 商品信息

货物品种	规格	单位	数量	包装	单价
银鹭桂圆莲子八宝粥	360g	罐	120	12罐/箱	4元/罐
红富士苹果	80mm	箱	20	10kg/箱	100元/箱
清扬男士去屑洗发露多效水润养护型	200ml	瓶	36	12瓶/箱	22元/瓶

（1）准备空箱23只，其中，10只为银鹭桂圆莲子八宝粥，2只为红富士苹果，3只为飘柔洗发水。360g/灌银鹭桂圆莲子八宝粥120盒，共10箱；直径80mm、10kg/箱的红富士苹果100kg，共20箱；12瓶/箱的清扬男士去屑洗发露多效水润养

护型，共2箱。

（2）准备入库通知单、送货单、到接货交接单、入库验收单、入库单、产品合格证、入库货物异常报告、进销存卡、货物资料卡、货物保管账页（见附录）。

注：道具会有意识地放置一些有问题的商品，如洗发水瓶破裂，银鹭桂圆莲子八宝粥有的数量不对，有的外包装变形，苹果外包装箱被压坏等。

四、实训步骤

步骤一：进行分组，设定角色。6人一组，3人为送货人，其余3人为收货人，负责验收入库。

步骤二：送货人向仓库收货人出示送货单。

步骤三：仓库收货人核对送货单、入库通知单、仓储合同副本、产品合格证等凭证。

步骤四：仓库收货人进行货物验收，验收方式为数量验收、质量验收、包装验收。

步骤五：验收结果处理。

步骤六：完成货物入库。

附录：

相关单据

（一）入库通知单（如表3-2所示）

表3-2   入库通知单
_____公司商品入库通知单

发货单位：
发货单号：
合同编号：　　　　　　　　　日期：　　　　　　　　　存放仓库：

商品编号	品名	规格型号	包装数量	单位	单价	应收入库	
						数量	金额
合计							

会计：　　　　　记账：　　　　　　采购员：　　　　　制单：

（二）送货单（如表3-3所示）

表3-3

送货单

_____公司产品送货单

订单编号：　　　　　　　　　接单日期：　　　　　　　　　业务员：

客户名称：　　　　　　　　　客户编号：

产品编号	货物名称	规格型号	计量单位	数　　量	单　　价	金　　额	备　　注

合计人民币（大写）

发货审批人：　　　　　　　发货人：　　　　　　　发货日期：

（三）到货交接单（如表3-4所示）

表3-4　　　　　　　　　　　　　　到货交接单

收货人	发站	发货人	物资名称	标志标记	单位	件数	重量	货物存放处	车号	运单号	提料单号

提货人：　　　　　　　经办人：　　　　　　　接收人：

（四）入库验收单（如表3-5所示）

表3-5　　　　　　　　　　　　　　入库验收单

编号：

货物名称		型号/规格	
供方			
进货数量			
验证方式			
验证项目	标准要求	验证结果	是否合格

检验结论	□合格		□不合格			
复检记录	1. 2.					
检验主管		检验员		日期		
不合格品处置方法	□拒收		□让步接收		□全检	
	批准			日期		
备注						

（五）入库单（如表3-6所示）

表3-6　　　　　　　　　　**入库单**

No. ＿＿＿＿＿＿＿＿

送货单位：　　　　　入库日期：　　年　　月　　日　　　　　　入货仓库：

物资编号	品　名	规　格	单　位	数　量	检　验	实收数量	备注

会计：　　　　　　　　仓库收货人：　　　　　　　　制单：

（六）商品检验记录（如表3-7所示）

表3-7　　　　　　　　　**商品检验记录表**

编号：

供　应　商		采购订单号		入库通知单号		
运　单　号		合同号		车号		
发货日期		到货日期		验收日期		
序　　号	商品名称	商品编号	规格型号	计量单位	应收数量	实际数量	差额

单位负责人：　　　　　　　复核：　　　　　　检验员：

（七）入库货物异常报告（如表3-8所示）

表3-8 　　　　　　　　**入库货物异常报告**

序号：　　　　　　　　　　　　　　　　　　日期：

货物编号	品　种	规　格	数　量	异常情况

送货人：　　　　　　　　　　　　　　　　验收人：

（八）进销存卡（如表3-9所示）

表3-9 　　　　　　　　　　**商品明细账**

商品入库明细卡			卡号	
			货主名称	
			货位	

品　　名		规格型号		商品验收情况
计量单位		供应商名称		
应收数量		送货单位名称		
实收数量		包装情况		

年			入库数量	出库数量	结存数量
月　日	收发凭证号	摘要	件数	件数	件数

（九）货物资料卡（如表 3-10 所示）

表 3-10　　　　　　　　　　　　　存储卡

品名：　　　　　规格：　　　　　单位：　　　　　单价：

年		摘　要	收入数量	发出数量	结存数量
月	日				

（十）货物保管账页（表 3-11 所示）

表 3-11　　　　　　　　　　　　　库存明细账

待　检	合　格	待　处　理
供应商名称_____ 商品名称_____ 进货日期/批号/生产日期_____ 标记日期： _____年_____月_____日 标记人_____ 备　注_____	供应商名称_____ 商品名称_____ 进货日期/批号/生产日期_____ 标记日期：_____年_____月 _____日 标记人_____ 备　注_____	供应商名称_____ 商品名称_____ 进货日期/批号/生产日期_____ 标记日期： _____年_____月_____日 标记人_____ 备　注_____

（十一）货物保管账表（如表 3-12 所示）

表 3-12　　　　　　　　　　　　　库存明细账

年		凭证		摘要	收入		发出		结存		其中（A）		其中（B）		其中（C）	
月	日	种类	号数		批号	数量	批号	批号	数量	数量	批号	库存	批号	库存	批号	库存

五、评价标准（如表 3 - 13 所示）

表 3 - 13　　　　　　　　商品入库业务基本操作评分表

考评内容	商品入库业务基本操作能力评价			
	具体内容	分值（分）	学生评分（0.4）	师评（0.6）
考评标准	商品入库手续办理正确	20		
	商品入库操作流程合理	20		
	小组分工明确	25		
	团队协作	15		
	在 15 分钟内完成（超过 1 分钟扣 2 分）	20		
	合计	100		

六、实训总结

_____

_____

_____

_____

_____

_____

_____

_____

_____

_____

_____

_____

_____

_____

能力知识点 2 补货作业

一、实训目的

通过本项目的实训，让学生掌握补货作业的要点及补货作业的程序。

二、实训任务

通达物流配送中心信息部门收到补货通知：零散拣货区货位 A00005 库存不足；根据补货通知信息部门生成补货信息：将托盘货架区 B00002 货位上的货物补充到零散拣货区货位 A00005。

三、实训步骤

步骤一：进行分组，设定角色；3 人成一个小组，分别扮演信息员、保管员和操作员。

步骤二：补货任务生成信息员在仓储管理系统中按补货任务的要求，生成补货任务。

步骤三：补货下架。操作员利用手持终端下载补货指令，利用堆高车完成下架作业，将货物从相应货位取出并放至托盘货架交接区，利用手持终端确认货位地址。

步骤四：补货搬运。根据手持终端提示，保管员利用手动搬运车将货物运至补货缓冲区。

步骤五：补货上架。根据手持终端的提示，从补货作业通道将货物拆零补货至对应的货位上，回收空纸箱。

四、评价标准（如表 3-14 所示）

表 3-14   补货评分表

考评内容	补货操作能力评价			
考评标准	具体内容	分值（分）	学生评分（0.4）	师评（0.6）
	补货任务生成操作正确	20		
	手持终端操作准确	20		
	手动液压叉车操作正确	25		

续　表

	具体内容	分值（分）	学生评分（0.4）	师评（0.6）
考评标准	补货作业流程正确	15		
	在15分钟内完成（超过1分钟扣2分）	20		
	合计	100		

五、实训总结

_____
_____
_____
_____
_____
_____
_____

能力知识点3　拣货作业

一、实训名称

拣货作业。

二、实训目的

1. 学会拣货订单制作；
2. 学会拣货单制作；
3. 学会拣货作业操作。

三、实训步骤

步骤一：布置任务（PPT展示）。

某配送中心收到3位客户（分别为A客户、B客户、C客户）的订单，要求选择拣货方法，拣选相应的商品，分别为客户打包，订单如表3–15至表3–17所示。

表 3 - 15 　　　　　　　　　　　**配送中心 A 客户订货单**

供应厂商：　　　　　　　　　　　　　订货日期：_____年___月___日　第 1 页
共 5 页
订货客户：A　　　　　到货日期：_____　　　订单号码：_____

名　　称	订货数量	订货价格（元）	合计金额（元）
小熊学英语	5	20.00	100
小熊学数学	6	20.00	120
小熊学语文	5	20.00	100
合　计			320

拣货人：　　　　　　复核人：　　　　　　　打印日期：

表 3 - 16 　　　　　　　　　　　**配送中心 B 客户订货单**

供应厂商：　　　　　　　　　　　　　订货日期：_____年___月___日　第 1 页
共 5 页
订货客户：B　　　　　到货日期：_____　　　订单号码：_____

名　　称	订货数量	订货价格（元）	合计金额（元）
小熊学英语	4	20.00	80
小熊学数学	8	20.00	160
小熊学语文	6	20.00	120
合　　计			360

拣货人：　　　　　　复核人：　　　　　　　打印日期：

表 3 - 17 　　　　　　　　　　　**配送中心 C 客户订货单**

供应厂商：　　　　　　　　　　　　　订货日期：_____年___月___日　第 1 页
共 5 页
订货客户：　　　C　到货日期：_____　　　订单号码：_____

名　　称	订货数量	订货价格（元）	合计金额（元）
小熊学历史	5	20.00	100
小熊学数学	10	20.00	200
小熊学英语	8	20.00	160
合　　计			460

拣货人：　　　　　　复核人：　　　　　　　打印日期：

步骤二：拣货作业。

步骤三：将打包后贴上条码标签，然后搬运至待运 C 区托盘上。

四、实训要求

（1）检查库存货物是否满足订单需求；

（2）3 张订单可以采取哪些拣货方法；

（3）现有信息员、拣货员、包装员、搬运员四个岗位，共有 45 个学生参加本次课学习，讨论教学组织形式及时间分配；

（4）讨论成绩评价标准及方法；

（5）成绩评价由学生评价及老师打分汇总评出成绩等次。

五、评价标准（如表 3－18 所示）

表 3－18   拣货作业操作评分表

考评内容	拣货作业操作能力评价			
	具体内容	分值（分）	学生评分（0.4）	师评（0.6）
考评标准	拣货单制作正确	20		
	拣货操作正确	20		
	打包作业正确	25		
	拣货作业正确	15		
	在 15 分钟内完成（超过 1 分钟扣 2 分）	20		
合计		100		

六、实训总结

_____

_____

_____

_____

_____

_____

_____

_____

_____

_____

能力知识点 4　出库作业

一、实训名称

出库单制作。

二、实训目的

学会出库单的填写。

三、任务布置

根据企业实际情况制作出库单。

DT 物流企业是一家第三方物流公司，承揽物流业务，为客户提供如仓储、保管、运输、配送、流通加工、信息处理等诸多服务。现有一客户为全球著名的零售行业公司 WOT，与 DT 物流企业签订物流服务合同，承揽该公司的货品收货、货品储存、货品配送的物流服务，双方使用信息系统进行对接，通过软件和通信协议完成到货信息、收货信息、订货信息的在线传输。

2014 年 4 月 20 日 6 点，DT 物流通过信息系统接收到 WOT 公司的订货需求，包括康师傅方便面（盒装），红烧牛肉面 100 箱；康师傅方便面（袋装），香辣牛肉面 200 箱；统一方便面（盒装），老坛酸菜牛肉面 400 箱。物流中心调度员王明开立了 FHTZD021 的发货通知单，通知 KF011 库房的负责人张武进行备货。

张武根据发货通知单的要求，核查商品存储状态如下：

（1）康师傅方便面（盒装），红烧牛肉面，所在库位 A 区 01 排 01 储位，储位数量 300 箱，批号 20140401；

（2）康师傅方便面（袋装），香辣牛肉面，所在库位 A 区 01 排 06 储位，储位数量 400 箱，批号 20141201；

（3）统一方便面（盒装），老坛酸菜牛肉面，所在库位 B 区 02 排 01 储位，储位数量 800 箱，批号 20110315；

备货完毕后，调度员王明来 KF011 库房进行提货，并安排车辆配送到 WOT 超市，由超市验收主管王尔签收。

请根据上述题干的要求进行出库单（如表 3 - 19 所示）的缮制，出库单号为 CKD0933。

表 3－19 出库单

作业计划单号：

库房：			□正常商品 □退换货				
客户名称：			发货通知单号：			出库时间：	
收货单位名称：			应发总数：			实发数量：	

产品名称	产品编号	规格	单位	应发数量	实发数量	货位号	批号	备注

保管员： 提货人： 制单人：

四、评价标准（如表 3－20 所示）

表 3－20 出库作业操作评分表

考评内容	出库作业操作能力评价			
考评标准	具体内容	分值（分）	学生评分（0.4）	师评（0.6）
	出库单制作正确	20		
	拣货操作正确	20		
	打包作业正确	25		
	拣货作业正确	15		
	在 15 分钟内完成（超过 1 分钟扣 2 分）	20		
	合计	100		

五、实训总结

_____

_____

_____

_____

_____

_____

_____

综合实训

入库作业实训

一、实训内容

根据入库单信息（如表 3 – 21 所示）进行入库作业操作。

二、实训目的

1. 学会运用仓储管理系统进行入库作业操作；

2. 熟练使用无线手持终端 RF；

3. 熟悉入库作业流程。

表 3 – 21　　　　　　　　　　入库单信息

委托方：001 – 天喔食品贸易有限公司　　　　　　　　供应商编号：0001
供应商：上海天喔食品有限公司

商品编号	商品名称	条码	规格	生产日期	数量	备注
01153671	王老吉	6921294305012	500ml×20	20120606	20	
01153674	可口可乐	6921295303042	555ml×32	20120606	35	
合计					55	

三、实训步骤

步骤一：入库信息处理。

（1）在环众仓储进出库比赛软件系统，依次点击 **入库作业** → **入库验收** → 增加① 然后输入委托方、供应商、商品名称等信息进行操作。（如图 3－1、图 3－2 所示）

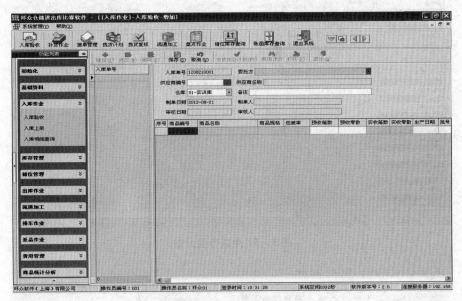

图 3－1　入库验收界面

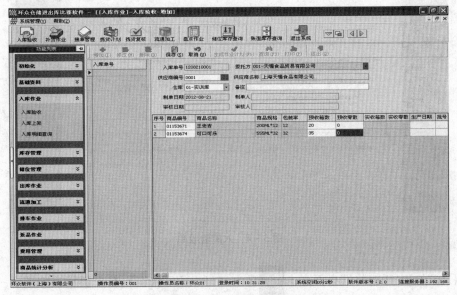

图 3－2　信息录入后的界面

（2）在仓储管理系统中点击 保存(S) → 生成作业计划(F6) 按钮，确定审核成功后完成验收作业。（如图 3－3、图 3－4 所示）

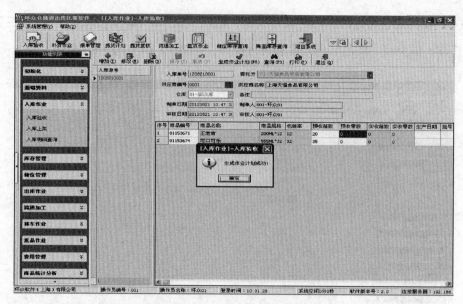

图 3 - 3　生成作业计划

图 3 - 4　入库验收单

（3）在 RF 手持终端桌面点击 ![HZ_RF图标]，进入"环众 RF 软件"登录界面，如图 3 - 5 和图 3 - 6 所示。

（4）使用手持终端的键盘或者选择软键盘输入操作员编号和密码（与登录环众仓储进出库软件系统账号一致），出现以下界面，如图 3 - 7 和图 3 - 8 所示。

（5）点击 ┃（1）入库作业┃，选择 ┃（1）入库理货┃并扫描待入库货品条码和

图 3 – 5　RF 手持终端桌面

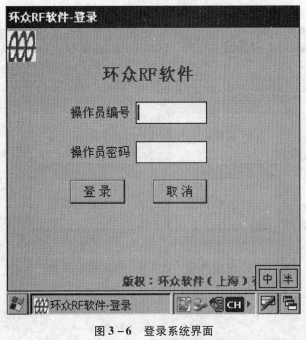

图 3 – 6　登录系统界面

托盘标签，然后手动录入生产日期、箱数和零散数量，将托盘信息和货品信息绑定，最后点击保存，以"王老吉"为例完成操作，如图 3 – 9 至图 3 – 12 所示。

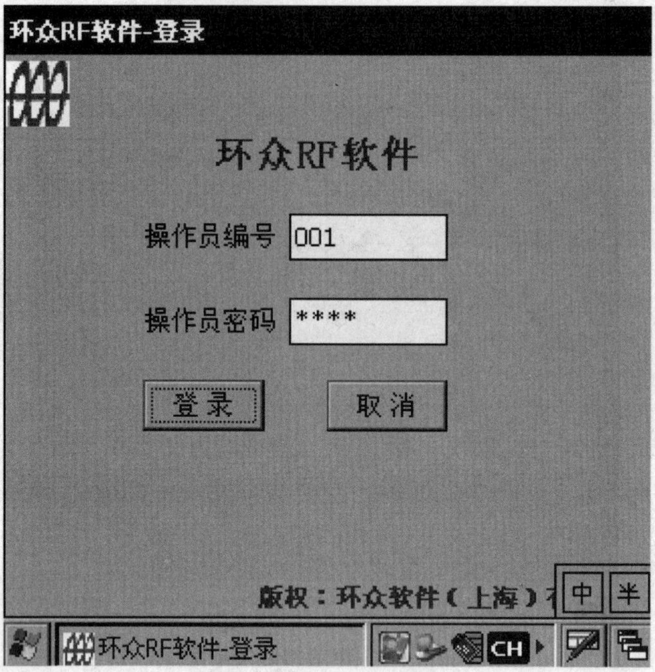

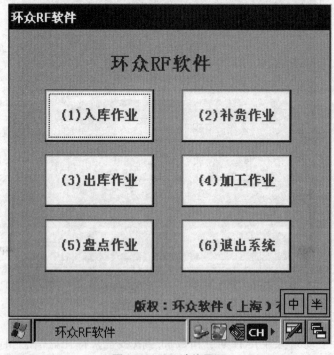

图 3 – 7　登录系统界面输入

图 3 – 8　RF 功能界面

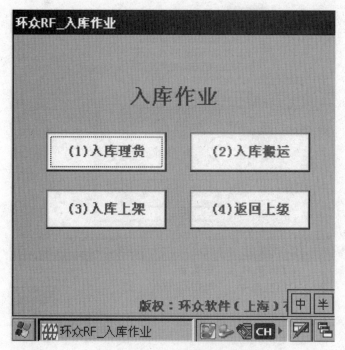

图 3-9 入库作业功能界面

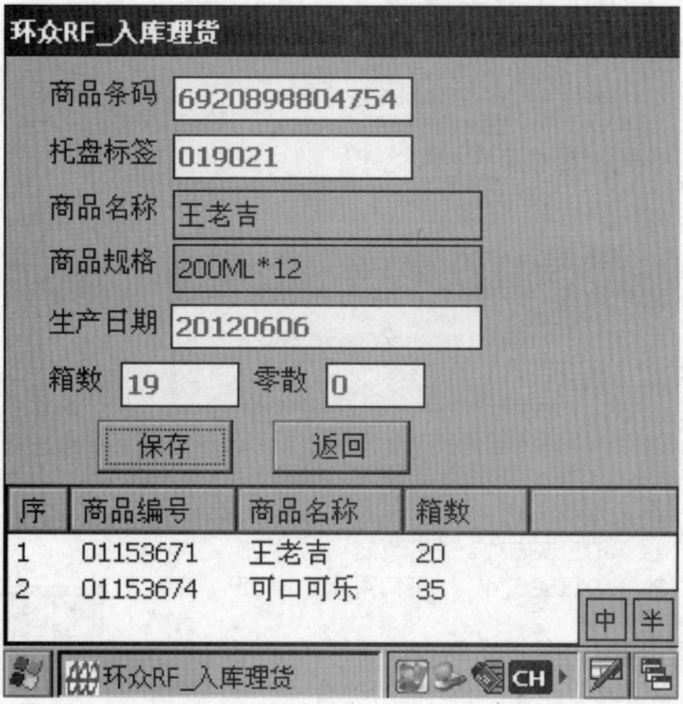

图 3-10 入库理货功能界面（1）

图 3 - 11　入库理货功能界面（2）

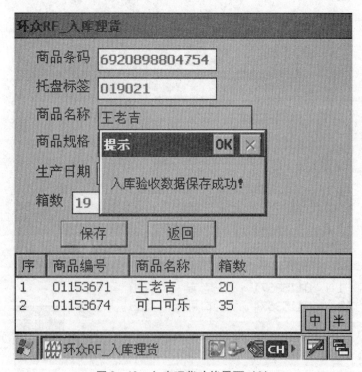

图 3 - 12　入库理货功能界面（3）

（6）系统提示"入库验收数据保存成功"。

（7）在环众仓储进出库软件系统里点击，上一步用 RF 手持验收的货物信息已经被写入到环众仓储进出库软件系统里，完成验收作业，如图 3 - 13 所示。

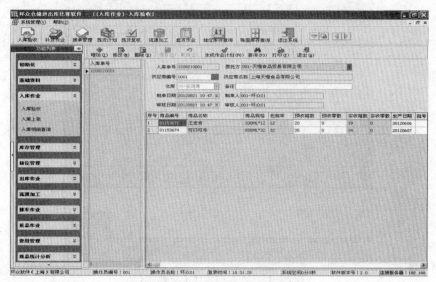

图 3 - 13　入库作业系统界面

步骤二：入库搬运。

（1）点击 RF 手持 （1）入库作业 ，选择 （2）入库搬运 模块，进行操作，扫描托盘标签，如图 3 - 14 和图 3 - 15 所示。

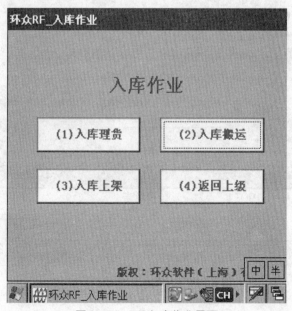

图 3 - 14　RF 入库作业界面

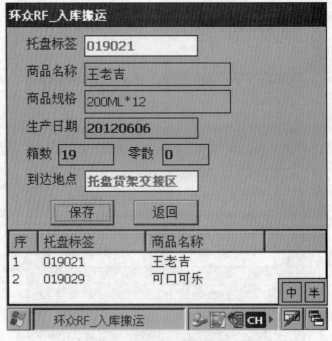

图 3 – 15　入库搬运作业界面（1）

（2）扫描托盘标签，按照提示信息，进行保存，如图 3 – 16 和图 3 – 17 所示。

图 3 – 16　入库搬运作业界面（2）

图 3 – 17　入库搬运作业界面（3）

（3）入库搬运数据保存成功，如图 3 – 18 所示。

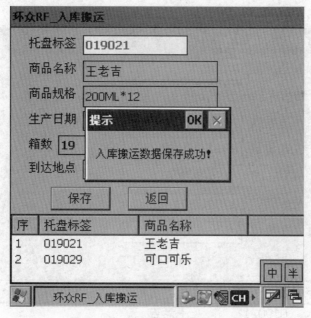

图 3 – 18　入库搬运作业界面（4）

步骤三：入库上架。

（1）点击 RF 手持，选择模块，进行操作，扫描托盘标签如图 3 – 19 和图 3 – 20 所示。

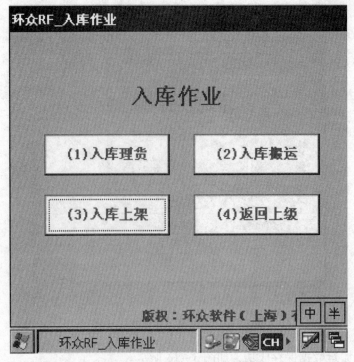

图 3-19 RF 入库作业界面

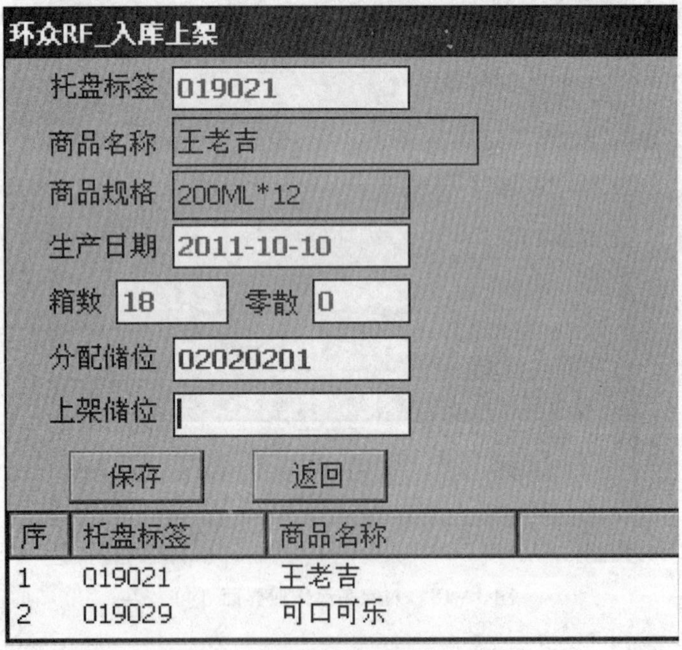

图 3-20 RF 入库上架作业界面（1）

（2）根据 RF 手持提示的储位，去重型货架存储匙找到相应储位，进行扫描确认，如图 3 – 21 和图 3 – 22 所示。

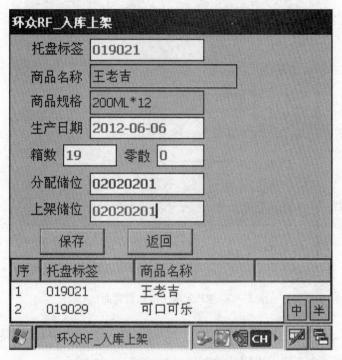

图 3 – 21　RF 入库上架作业界面（2）

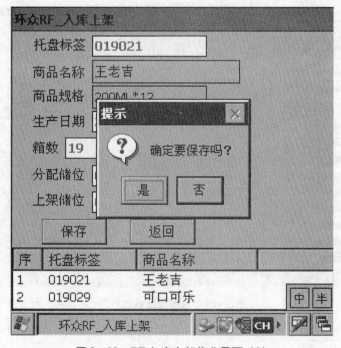

图 3 – 22　RF 入库上架作业界面（3）

（3）点击保存成功，如图 3 – 23 所示。

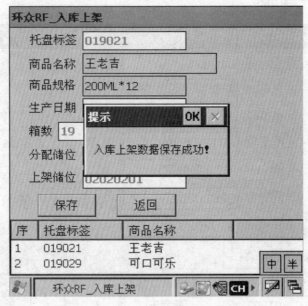

图 3 – 23　RF 入库上架作业界面（4）

（4）在环众仓储进出库软件系统里点击 入库上架 ，上一步用 RF 手持上架的货物信息已经被写入到环众仓储进出库软件系统里，如图 3 – 24 所示。

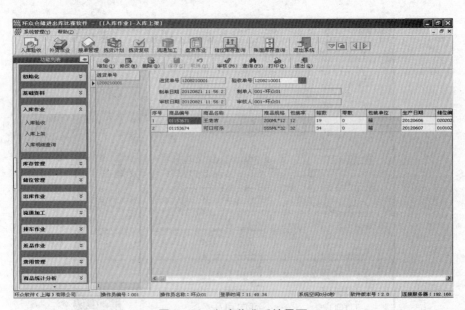

图 3 – 24　入库作业系统界面

补货作业实训

一、实训内容

根据补货单信息（如表 3 -22 所示）进行入库作业操作。

二、实训目的

1. 学会运用仓储管理系统进行补货作业操作；

2. 熟练使用无线手持终端 RF；

3. 熟悉补货作业流程。

表 3 -22　　　　　　　　　　　　补货单
补货单信息

序号	取货储位	商品名称	规格	储位		目标储位	补货	
				整箱	零散		整箱	零散
01	01020201	天喔兰花豆	500ml×20	30	0	10020202	1	0
合计				30	0		1	0

三、实训步骤（如图 3 -25 至图 3 -39 所示）

步骤一：信息处理。

（1）依次点击"储位管理 ⊗"→"补货作业"，进入补货作业操作界面。

（2）点击保存按钮，进行生成补货作业。

步骤二：补货下架。

（1）RF 手持操作。

（2）点击 (2)补货作业 ，接着点击 (1)补货下架 模块，进行操作，扫描储位标签。

（3）点击进行保存，补货下架数据保存成功。

步骤三：补货搬运。

（1）接着点击 (2)补货搬运 ，扫描托盘标签，进行搬运操作。

（2）点击确认，进行保存，提示搬运数据保存成功。

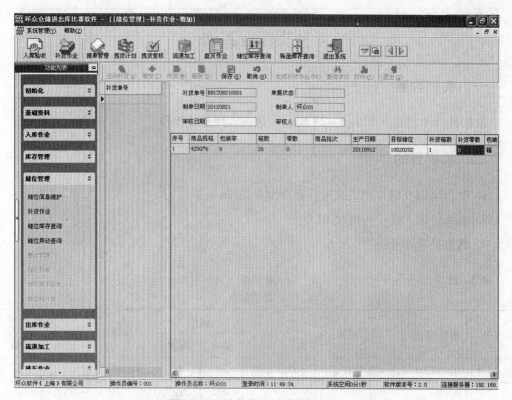

图 3-25　补货作业系统界面（1）

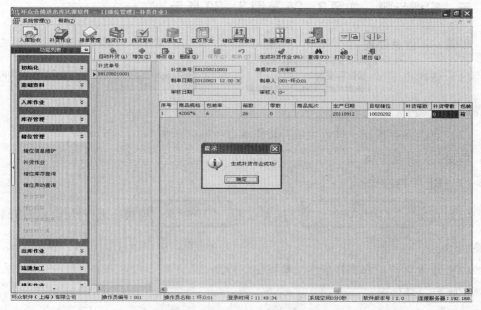

图 3-26　补货作业系统界面（2）

步骤四：补货上架。

图 3 - 27 补货单系统界面

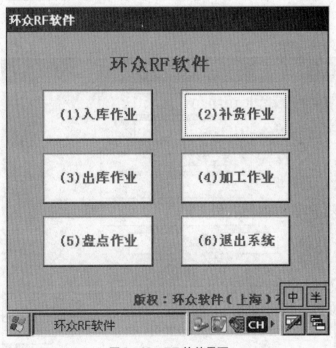

图 3 - 28 RF 软件界面

（1）在电子标签补货匙操作补货上架，点击 （3)补货上架 ，扫描商品条码，进行操作，如图 3 - 29 所示。

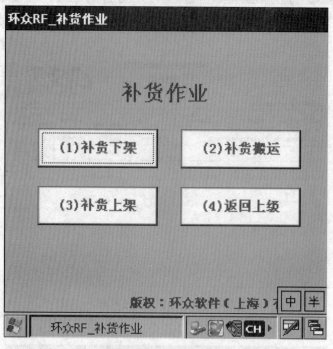

图 3 - 29　RF 补货界面

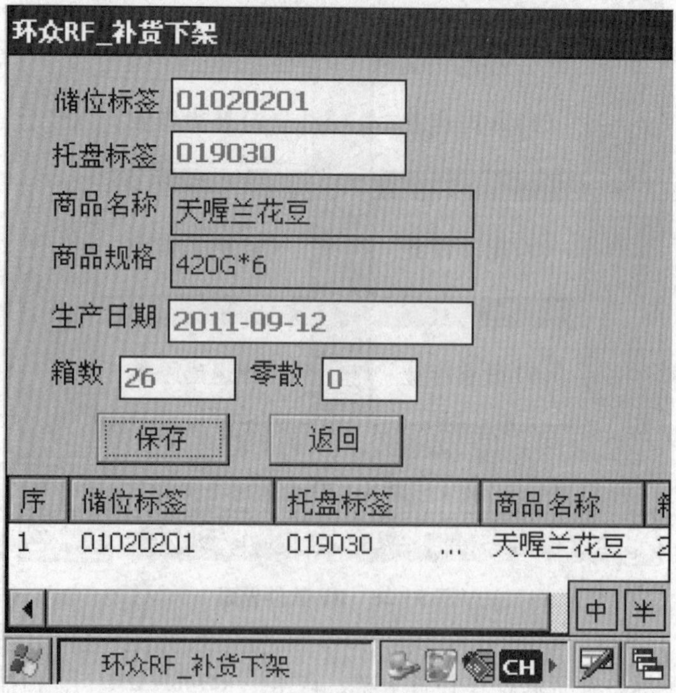

图 3 - 30　补货下架保存界面

图 3 – 31   补货下架确定界面

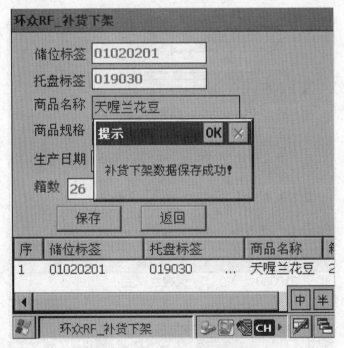

图 3 – 32   补货下架保存成功界面

（2）根据提示储位，对储位进行扫描。

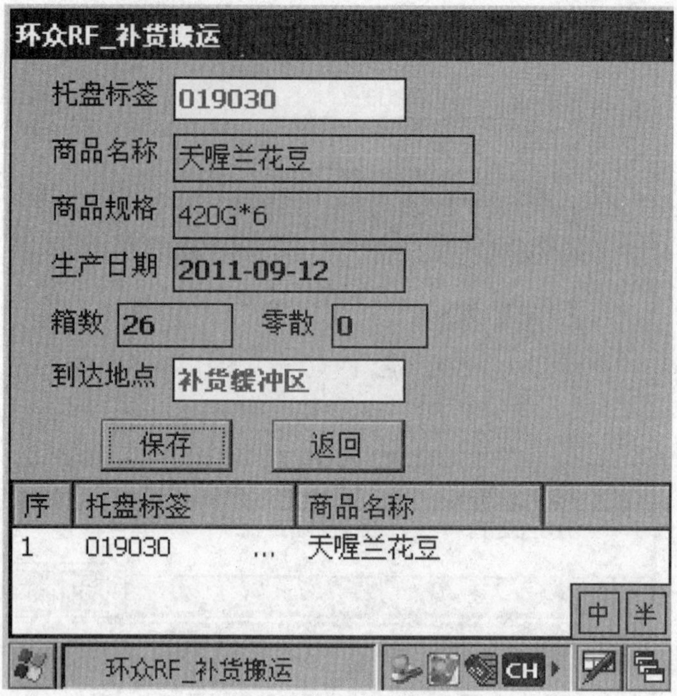

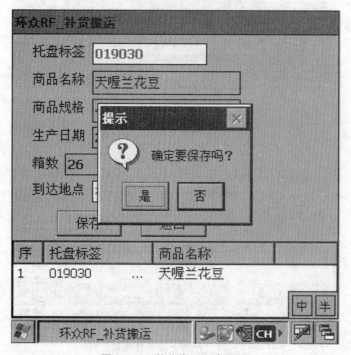

图 3 - 33　补货搬运界面

图 3 - 34　补货搬运保存界面

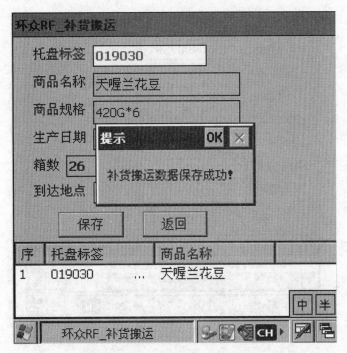

图 3-35　补货搬运保存成功界面

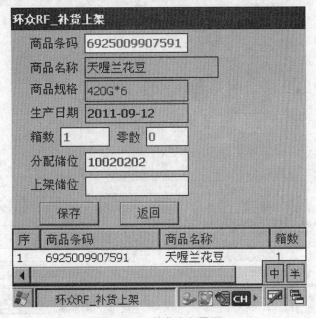

图 3-36　补货上架界面

（3）点击保存，提示托盘上架数据保存成功。

（4）补货操作完毕。

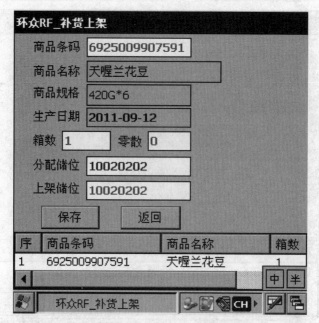

图 3 - 37 储位扫描界面

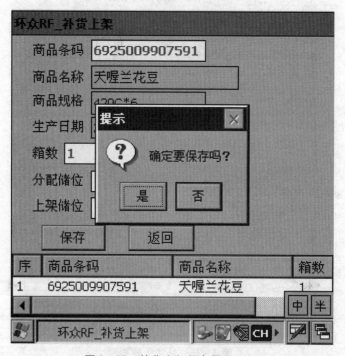

图 3 - 38 补货上架保存界面 (1)

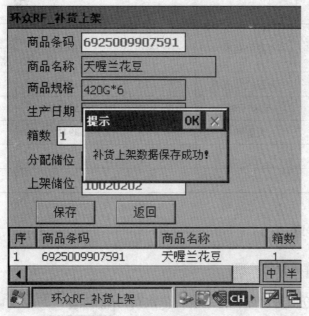

图 3 - 39　补货上架保存界面（2）

出库作业实训

一、实训内容

根据出库单信息（如表 3 - 23 所示）进行出库作业操作。

二、实训目的

1. 学会运用仓储管理系统进行出库作业操作；

2. 熟练使用无线手持终端 RF；

3. 熟悉出库作业流程。

表 3 - 23　　　　　　　　　　　出库单信息

分拣出库：

委托方：天喔食品贸易有限公司　　　单据级别：2　　　　　批次号：22

客户编号：0002　　　　　　　　客户名称：联华百色店

要货日期：2012 - 08 - 21　　　　送货日期：2012 - 08 - 22

出货方式：先进先出　　　　　　配送方式：少量共配

序号	商品编号	商品名称	规格	条码	订货数量		备注
					整箱	零散	
01	72272610	天喔鸭	$100g \times 30$	6924568952355	0	1	

续 表

序号	商品编号	商品名称	规格	条码	订货数量		备注
					整箱	零散	
02	72272824	天喔盐津杨梅	330g×12	6921452879632	0	2	
03	72272777	天喔千喔果	168g×30	6923254685666	0	3	
04	72272611	天喔鸭翅	160×20	6942589412354	0	4	
合计					0	10	

三、实训步骤

步骤一：出库单信息处理。

（1）在环众仓储进出库软件系统，依次点击 **出库作业** → **接单管理** ，进入操作界面。（如图3 - 40所示）

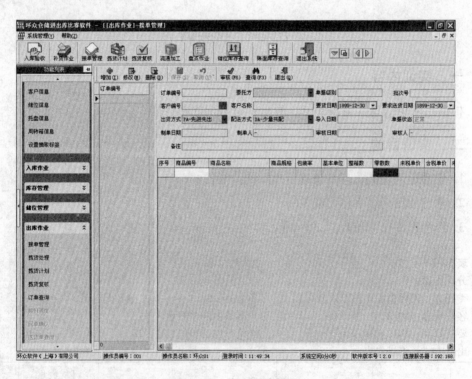

图3 - 40 出库系统界面

（2）点击 增加(I) 按钮，即可新增加订单信息。根据客户信息及客户订购商品信

息，录入委托方、单据级别、批次号、客户编号、要货日期及商品明细等。然后点击

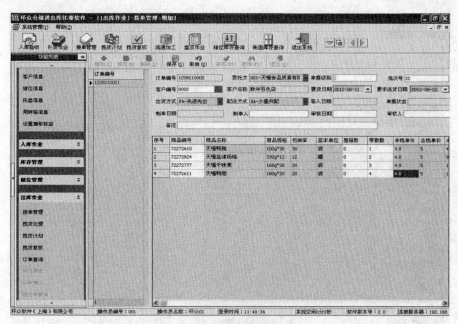

保存(S) 按钮（如图 3 – 41、图 3 – 42 所示）。

图 3 – 41 客户信息录入界面

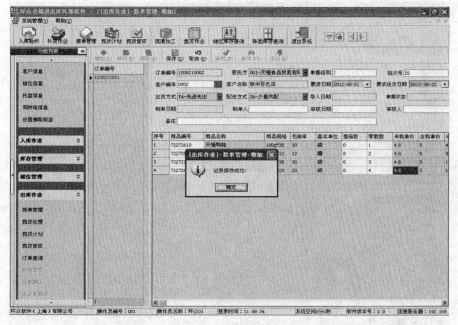

图 3 – 42 记录保存界面

（3）保存成功后检查确认，确认无误后点击确定订单（在审核前可修改订单内容）。（如图 3 - 43、图 3 - 44 所示）

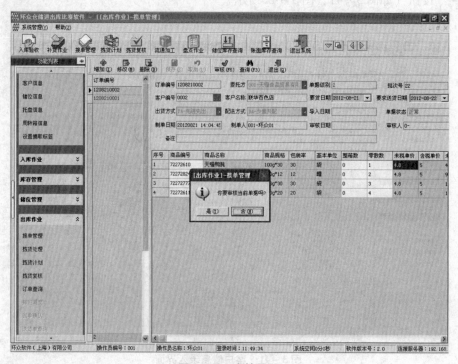

图 3 - 43　审核界面

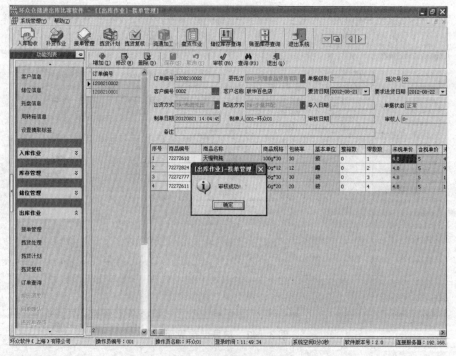

图 3 - 44　审核系统界面

（4）审核完成后订单进入下一个处理环节。

（5）在环众仓储进出库软件系统中，依次点击" 出库作业 ⊗ "→
" 拣货计划 "，进入操作界面。（如图 3 –45 所示）

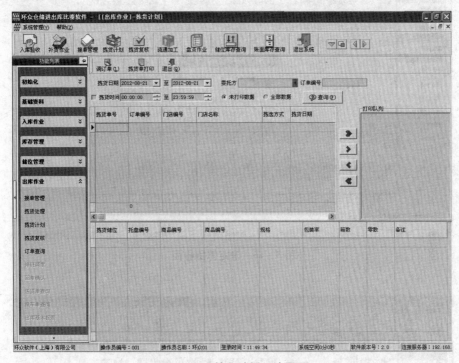

图 3 –45　拣货计划系统界面

（6）点击" 调订单(L) "按钮，系统弹出选择订单界面，在选择订单界面里点击
"委托方"的下拉箭头选择委托方（出库单的委托方），然后点击 生成拣货单 按钮，
生成拣货单，生成拣货单后储位库存账面已减少。

（7）拣货完成后可在"拣货计划"操作界面点击，系统显示根据订单生成的拣货单。

（8）选中拣货单使用 ＞ 将拣货单添加到打印队列，然后，点击 拣货单打印 按钮打
印"打印队列"里的拣货单。

步骤二：RF 手持操作。（如图 3 –46 至图 3 –64 所示）

<h2 style="text-align:center;">非整托货品出库</h2>

（1）在 RF 手持功能选择界面点击 (3)出库作业 ，接下来点击 (1)出库下架 。

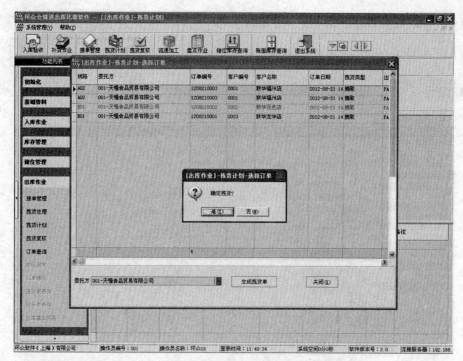

图 3-46 确定拣货界面

图 3-47 拣货完成系统界面

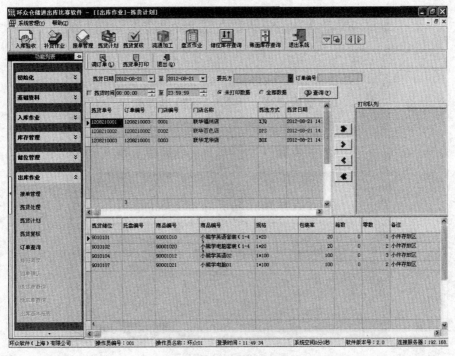

图 3 - 48　拣货打印界面

图 3 - 49　小件出库系统界面

扫描储位标签，对库存进行确认，点击保存按钮。

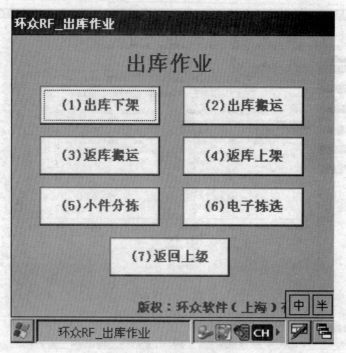

图 3 – 50　RF 出库界面

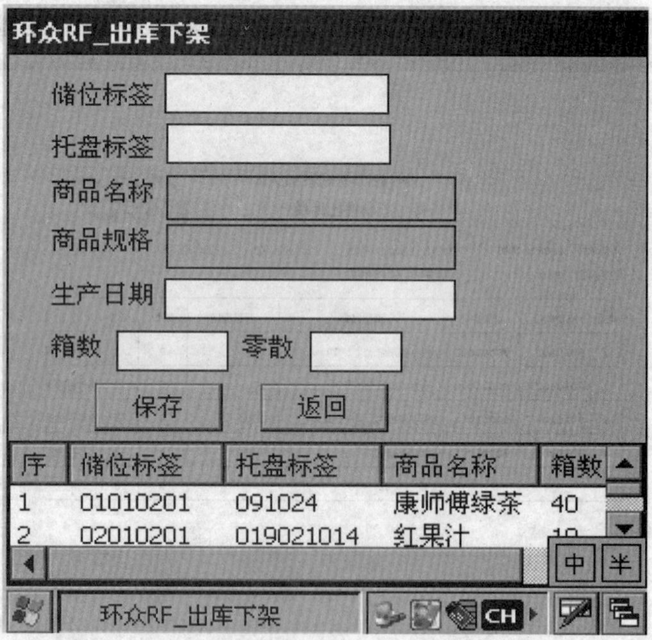

图 3 – 51　RF 出库下架界面

（2）保存成功，显示出库下架数据保存成功。

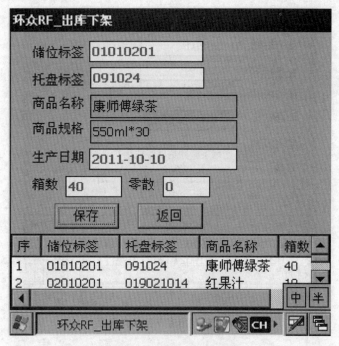

图 3 – 52 出库下架界面

图 3 – 53 出库下架保存界面

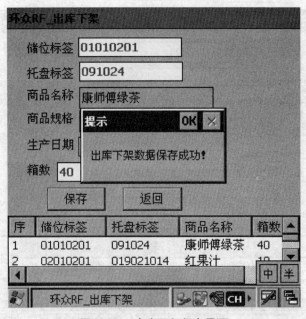

图 3 – 54　出库下架保存界面

（3）点击 (2)出库搬运 ，扫描托盘标签，根据提示，点击保存按钮。

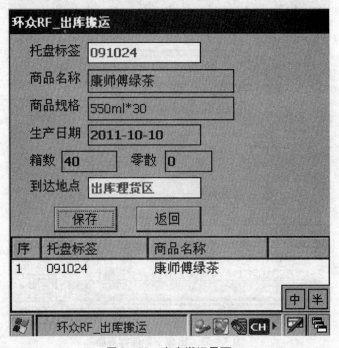

图 3 – 55　出库搬运界面

图 3 −56　出库搬运确定保存界面

（4）保存成功，出库搬运数据保存成功。

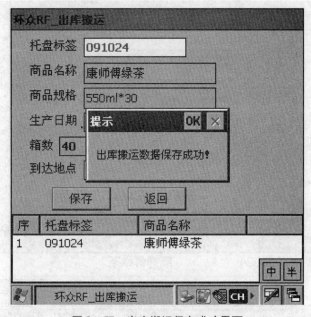

图 3 −57　出库搬运保存成功界面

（5）点击 **(3)返库搬运** ，扫描托盘标签，根据提示内容，点击保存按钮。

（6）保存成功，返库搬运数据保存成功。

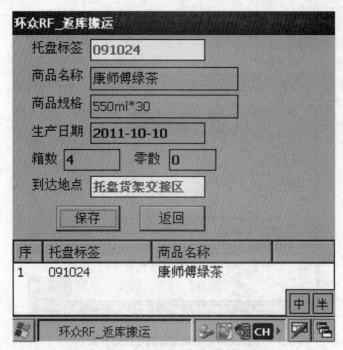

图 3 - 58　返库搬运界面

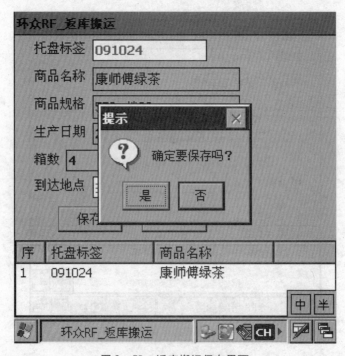

图 3 - 59　返库搬运保存界面

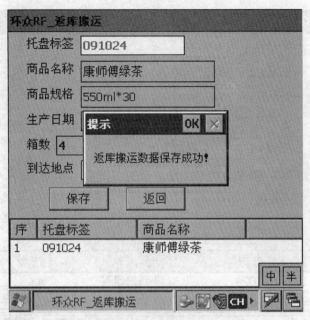

图 3－60　返库搬运保存成功界面

（7）点击 （4）返库上架 ，扫描托盘标签。根据提示扫描上架储位。

图 3－61　返库上架界面（1）

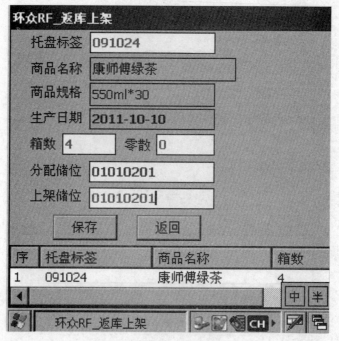

图 3 - 62　返库上架界面（2）

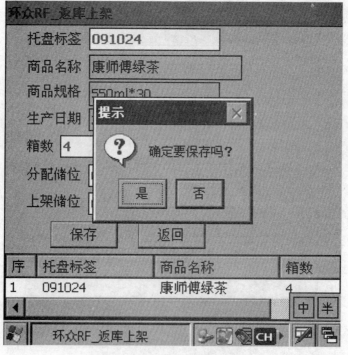

图 3 - 63　返库上架保存界面

（8）保存成功，提示返库上架数据保存成功。

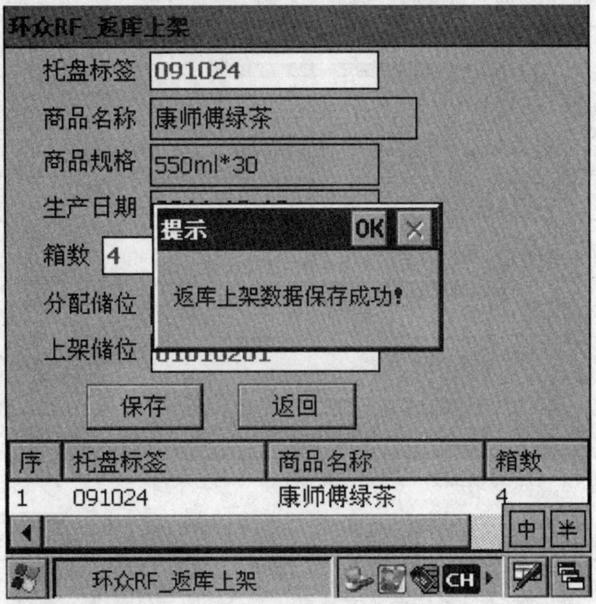

图 3 - 64　返库上架保存成功界面

（9）非整托货物出货完毕。

整托货品出库

（1）点击 (1)出库下架 ，扫描储位标签，点击保存，确认成功，提示出库下架成功。

（2）点击 (2)出库搬运 ，扫描托盘标签，点击保存，确认出库搬运数据保存成功。

（3）整托出货完成。

启动电子标签

（1）打开环众进出库比赛软件，执行程序，点击 DPS程序.exe 启动。

（2）RF 手持操作，点击 (3)出库作业 ，接着点击 (6)电子拣选 ，按照相应序号，输入所要选择的序号，点击启动。

（3）电子标签拣货系统显示如下。（如图 3 - 65 ~ 图 3 - 80 所示）

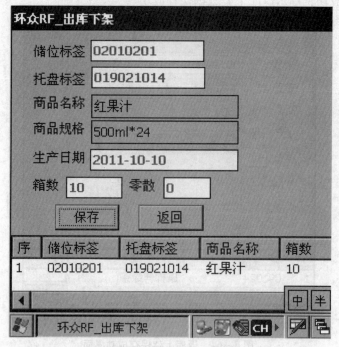

图 3 – 65   出库下架界面

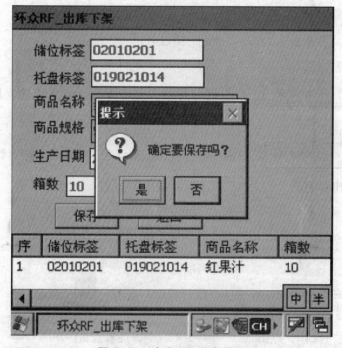

图 3 – 66   出库下架保存界面

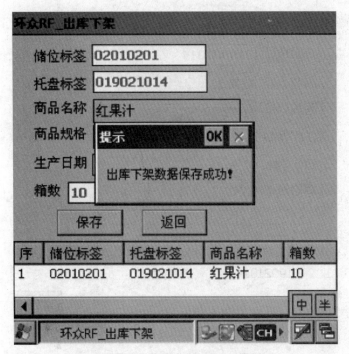

图 3 – 67　出库下架保存成功界面

图 3 – 68　出库搬运界面

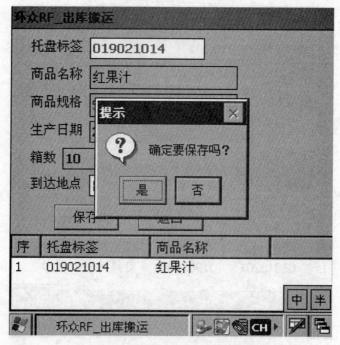

图 3 – 69　出库搬运保存界面

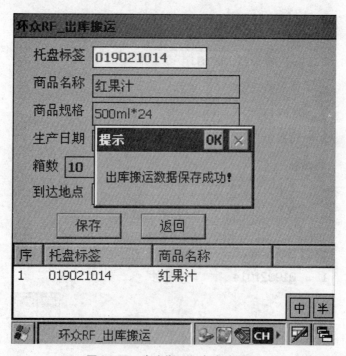

图 3 – 70　出库搬运保存成功界面

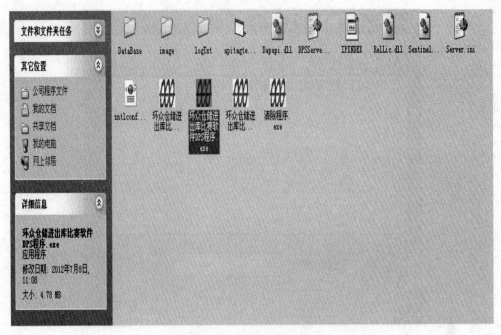

图 3-71 执行程序（1）

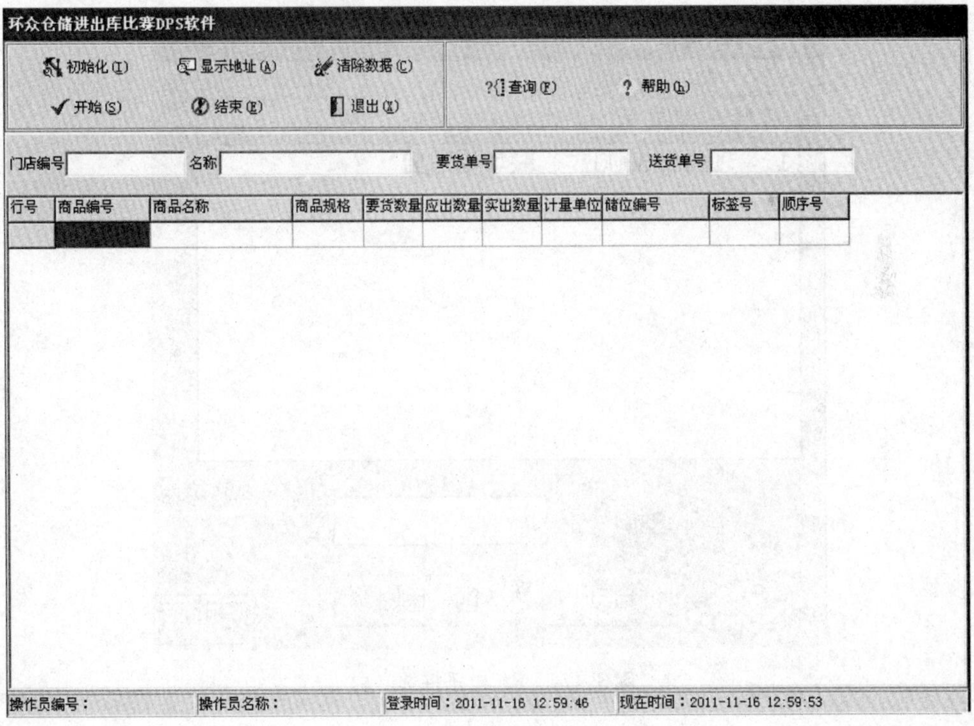

图 3-72 执行程序（2）

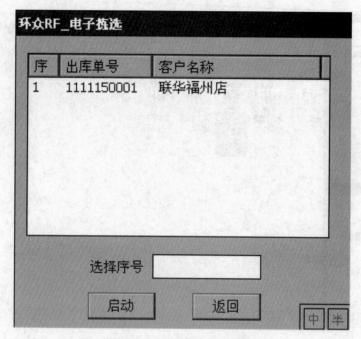

图 3 - 73　RF 电子拣选界面

图 3 - 74　RF 电子拣选（1）

图 3 - 75　RF 电子拣选启动成功界面

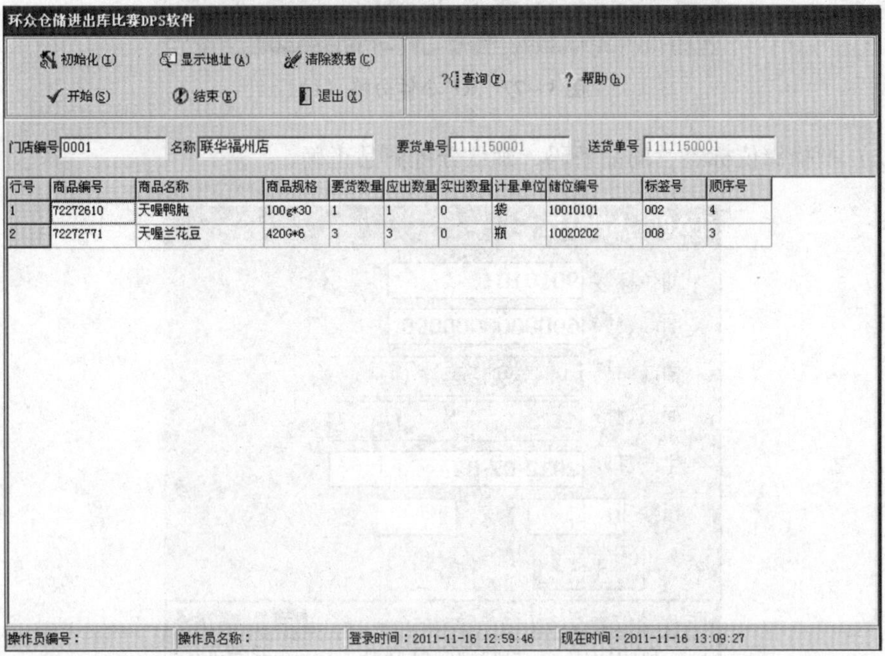

环众仓储进出库比赛DPS软件

初始化(I)	显示地址(A)	清除数据(C)	查询(E)	帮助(h)
开始(S)	结束(E)	退出(X)		

门店编号 0001　　　名称 联华福州店　　　要货单号 1111150001　　　送货单号 1111150001

行号	商品编号	商品名称	商品规格	要货数量	应出数量	实出数量	计量单位	储位编号	标签号	顺序号
1	72272610	天嘎鸭肫	100g*30	1	1	0	袋	10010101	002	4
2	72272771	天嘎兰花豆	420G*6	3	3	0	瓶	10020202	008	3

操作员编号：　　　操作员名称：　　　登录时间：2011-11-16 12:59:46　　　现在时间：2011-11-16 13:09:27

图 3 - 76　RF 电子拣选（2）

小件分拣

（1）点击 (3)出库作业 中的 (5)小件分拣 ，进行小件分拣操作。

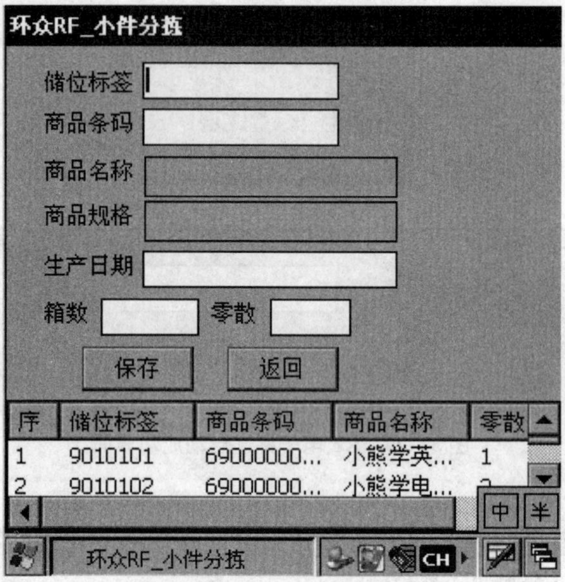

图 3 – 77 RF 小件分拣（1）

（2）扫描储位标签、商品条码，确认分拣商品正确。

图 3 – 78 RF 小件分拣（2）

（3）点击"保存"按钮。

图 3 – 79 RF 小件分拣（3）

图 3 – 80 RF 小件分拣（4）

（4）按上述操作，将单据中需要拣货的商品，完成分拣。

流通加工作业实训

一、实训内容

根据流通加工信息（如表3-24所示）进行流通加工作业操作。

二、实训目的

1. 学会运用仓储管理系统进行流通加工作业操作；

2. 熟练使用无线手持终端 RF；

3. 熟悉流通加工作业流程。

表3-24 流通加工信息

委托方：天喔食品贸易有限公司　　　　订单来源：电话　　　　加工形式：组合

序号	商品编号	商品名称	规格	单位	数量
01	90001010	小熊学英语套装	1×20	套	1
02	90001030	小熊学数学套装	1×20	套	1
03	90001020	小熊学电脑套装	1×20	套	1
04	90001025	小熊学美术套装	1×20	套	1
合　　计					4套

三、实训步骤

步骤一：在仓储管理系统中录入相关信息。

点击" 流通加工 "进入流通加工模块，点击" 增加(I) "，制作加工单据，填入委托方、商品、数量等相关信息、保存单据。

步骤二：RF 手持操作。（如图3-81至图3-99所示）

（1）点击 (4)加工作业 ， (1)加工管理 进行流通加工操作。

（2）"选择序号"看上面"单据序号"点击" 启动 "。

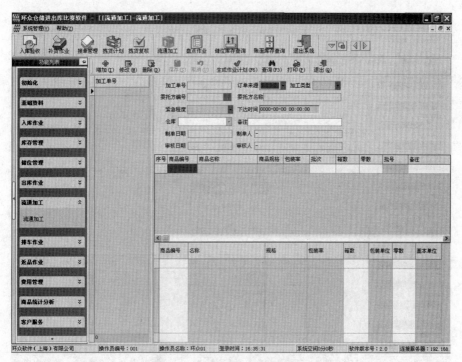

图 3-81　流通加工系统界面（1）

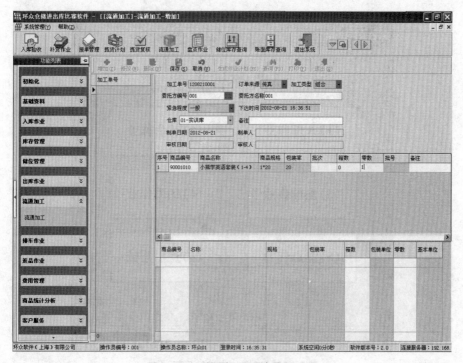

图 3-82　流通加工系统界面（2）

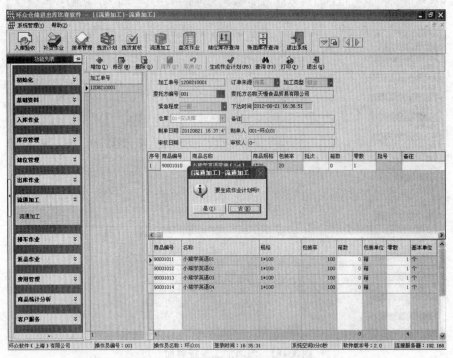

图 3 – 83　流通加工系统界面（3）

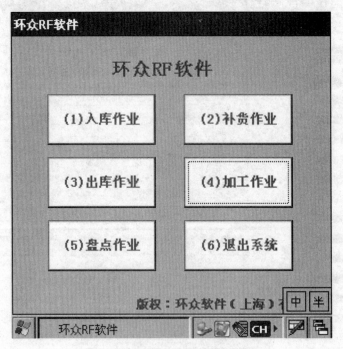

图 3 – 84　流通加工系统界面（4）

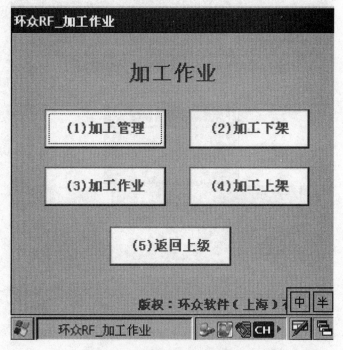

图 3-85 流通加工系统界面（5）

图 3-86 流通加工系统界面（6）

图 3-87　流通加工系统界面（7）

（3）点击 (2)加工下架 进行操作。

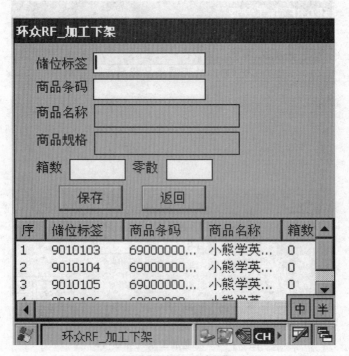

图 3-88　流通加工系统界面（8）

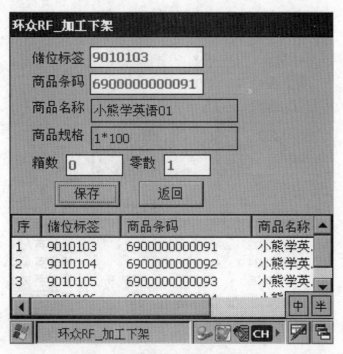

图 3 - 89 流通加工系统界面（9）

图 3 - 90 流通加工系统界面（10）

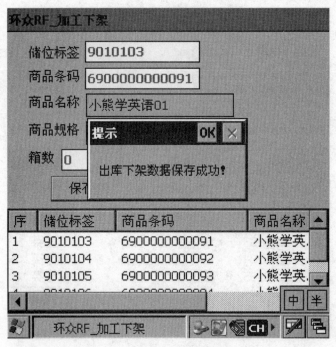

图 3 – 91　流通加工系统界面（11）

（4）点击成"▮▮▮▮▮▮"进行操作。

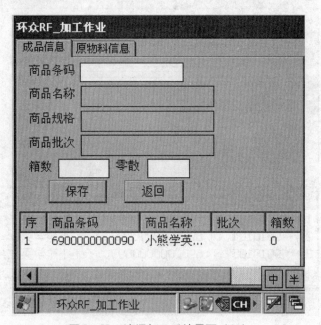

图 3 – 92　流通加工系统界面（12）

图 3 – 93 流通加工系统界面（13）

图 3 – 94 流通加工系统界面（14）

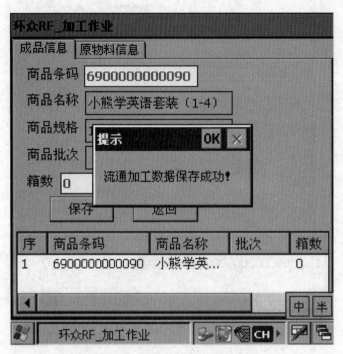

图 3-95 流通加工系统界面（15）

（5）点击 (4)加工上架 进行操作。

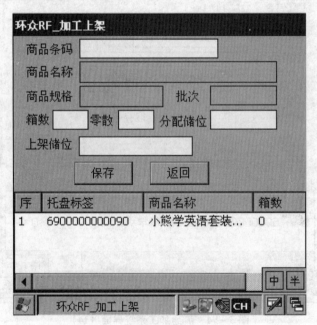

图 3-96 流通加工系统界面（16）

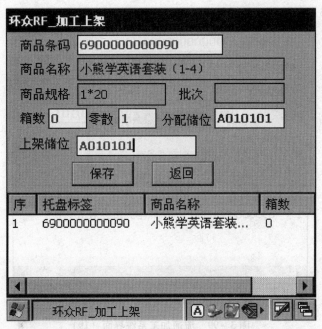

图 3 – 97　流通加工系统界面（17）

图 3 – 98　流通加工系统界面（18）

（6）完成流通加工。

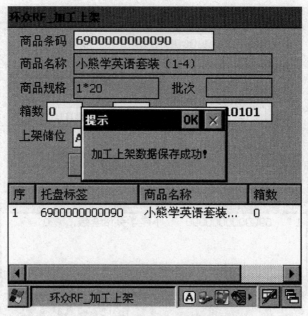

图 3－99　流通加工系统界面（19）

进出库团体比赛

比赛说明：

（1）比赛过程中打印的入库单、出库单均为一式三联。在入库验收时，仓管员和送货人员均签字确认后，将送货联交送货人员，其他联留存；在发货时，仓管员和接货人员签字确认后，发货联交接货人员，其他联留存。

（2）信息员打印入库单和出库单后，交给仓管员。仓管员在与送货人员和接货人员交接时须在入库单和出库单上的相应位置签署"仓管员"三个字。"入库单"和"出库单"的备注栏的填写方式如下：

入库：如果货品出现污损、破损、错误货品、未封箱等4种情况，入库验收时要拒收，并在备注栏注明，没有的情况则不需注明，如"××货品污损 N 箱、破损 N 箱、错误货品 N 箱、未封箱 N 箱"。

出库：对于需要打包作业的出库单，需要在"出库单"备注栏上标明打包包装箱的数量，如"打包 N 箱"。

其他单据的填写要求如下：

盘点结果单：在盘点人的位置签署"仓管员"三个字。

（3）纸质单据是现场作业调度和交接的凭证。在入库或出库作业时，纸质单据在打印出来之前只允许取空托盘、堆高车、手动搬运车，戴安全帽，加工纸箱等准备工作，不能有其他任何与具体订单相关的现场作业（如检查入库货品）；补货作业、流通加工作业、盘点作业无纸质单据，直接由手持终端下达作业指令；不可将未完成入库交接的货品移出收货理货区。

（4）"托盘货架交接区"用于待上架和已下架待搬运托盘的交接。"补货缓冲区"用于补货作业。"作业废料回收区"用于存放作业产生的废料，如补货拆零上架后生成的空纸箱等。在各个阶段作业结束后，只能由仓管员在"选手报告区"报告本阶段结束。"小件存放区"用于小件存放、拣选等作业，小件存放区的货品上架、下架只能利用周转箱和手推车进行搬运，一个周转箱可以存放多种货品，手推车一次可以搬运多个周转箱。

（5）在作业过程中，手动搬运车、手推车只要和该设备使用者在同一区域，且得到合理处置，允许人车分离及更换使用者。托盘货架区的巷道内同时只允许一名选手操作堆高车；堆高车只要和该设备使用者在同一区域，且得到合理处置，允许人车分离，如需更换堆高车操作人员，需先将堆高车归位。

（6）使用手动搬运车搬运货品时，必须用托盘装载货品。作业过程中，参赛选手在人工搬运纸箱时，一次只允许搬运一个纸箱。

（7）入库理货作业时，货品码放到托盘要求：四面均能看到纸箱条码标签和包装标识（同一面的条码标签和包装标识的数量比例不限）。

（8）选手在操作堆高车时，必须佩戴安全帽。

（9）在距离比赛结束 5 分钟以及 1 分钟时，计时员分别报时提醒。比赛结束时，需要把比赛所用的全部单据和资料交回给裁判。

比赛步骤：

步骤一：入库作业。

1. 入库订单处理

信息员根据入库通知单录入入库订单，生成作业计划，打印入库单，并根据入库货位分配规则表的要求，进行入库货位的分配。

2. 入库验收作业

根据入库单，到收货理货区验收货品，如果出现实收货品数量与入库单上的应收数量不符或质量问题时，仓管员要在入库单上注明情况，并以实际收货数量入库；仓管员在入库单上签字确认；仓管员与送货人员（由工作人员扮演）进行交接。

3. 入库理货作业

利用设备或人工从托盘存放区抬取空托盘到收货理货区，如果人工抬取空托盘则必须由两个人一起完成，而且一次只允许抬取一个空托盘；利用手持终端扫描货品标签和托盘标签完成组盘作业。

4. 入库搬运作业

利用手持终端扫描托盘标签，下载入库搬运任务，利用手动搬运车将货品从收货理货区运至托盘货架交接区。

5. 入库上架作业

用堆高车从托盘货架交接区取待上架托盘，利用手持终端扫描托盘标签，下载入库上架任务，完成货品上架，并确认目标货位地址。

步骤二：补货作业。

1. 补货任务生成

信息员在仓储管理系统中，根据出库订单和库存的实际情况，按需生成补货任务。

2. 补货作业

利用手持终端下载补货指令，利用堆高车将托盘从相应货位取出，扫描确认货位地址后，将托盘运至托盘货架交接区；利用手动搬运车将托盘运至补货缓冲区，根据手持终端的提示，从补货作业通道将货品拆零补货至对应的货位上，回收空纸箱。

步骤三：流通加工作业。

1. 流通加工任务生成

信息员在仓储管理系统中，根据出库订单和库存的实际情况，按需生成流通加工订单。

2. 启动流通加工作业

利用手持终端下载流通加工作业任务并启动。

3. 流通加工下架

利用手持终端下载流通加工下架任务，取空周转箱和手推车至小件存放区，扫描货位条码和货品条码，将货品从相应货位取出放至周转箱，利用手推车搬运至加工作业区。

4. 流通加工操作

利用手持终端下载流通加工操作指令；到加工作业区，按要求取货品和包装材料，进行加工操作；扫描加工后的货品条码，确认完成该加工操作。

5. 流通加工上架

利用手持终端下载流通加工上架任务，取空周转箱和手推车至加工作业区，扫描加工完成的货品条码，获得目标货位后，将货品搬运至小件存放区并放入指定货位，扫描货位条码确认上架任务。

6. 流通加工完成确认

利用手持终端确认完成流通加工作业。

步骤四：出库作业。

1. 出库订单处理

信息员根据出库通知单录入出库订单，生成作业计划，打印出库单。根据出库单，综合考虑拣选作业效率的优化，制作拣选单。

2. 整箱出库作业

利用手持终端下载作业任务，利用堆高车完成下架作业，将货品从相应货位取出并运至托盘货架交接区，利用手持终端确认货位地址；利用手动搬运车将货品运至发货理货区，对于整托出库货品要把货品从托盘上搬下，并把空托盘回收至托盘存放区，对于非整托出库的剩余货品和托盘须放回原货位。

3. 电子拣选作业

根据电子标签提示，拣选货品至周转箱，把周转箱送入加工作业区。

4. 小件分拣作业

利用手持终端下载小件分拣作业任务，将对应的出库单放入周转箱，扫描货位条码和货品条码，将货品从相应货位取出放至周转箱，利用手推车搬运至加工作业区。

5. 打包和搬运作业

将电子拣选作业或小件分拣作业的货品按出库订单和货品类别分别装入纸箱内，使用胶带封口，利用半自动打包机进行田字形打包，将收货人标签粘贴在包装箱上，在出库单备注栏上标明包装箱数量；利用手推车将拣选货品从加工作业区运至发货理货区。

6. 发货作业

仓管员复核后，按出库单与接货人员（由工作人员扮演）分别进行交接，并在出库单上签字。

步骤五：盘点作业。

1. 盘点任务生成

信息员在仓储管理系统中按盘点任务单的要求，生成并提交盘点任务。

2. 盘点作业

至小件存放区，利用手持终端扫描货位条码和货品条码，输入实际数量，完成盘点操作；所有货位的盘点操作均完成后，利用手持终端确认完成本次盘点任务。

3. 盘点汇总

盘点结束后，信息员在仓储管理系统中打印盘点结果单，由仓管员签字确认，并交给仓储经理（由工作人员扮演）。

模块四　　商品在库管理

能力知识点 1　　商品堆码苫垫技术

情境一　托盘堆码实训

一、实训名称

托盘堆码实训。

二、实训目的

学生熟悉常见的托盘堆码方式。

三、实训步骤

步骤一：教师准备用于堆码的货箱和写有堆码方式的纸条 4 张（其中堆码方式有重叠式堆码、纵横交错式、正反交错式、旋转交错式）。

步骤二：各小组抽签选择所要完成的任务。

步骤三：各小组按照抽检纸条上的堆码方式完成任务。

（一）重叠式堆码

1. 工具准备

操作人员要将训练所使用的纸箱及托盘准备好。按托盘的规格及纸箱的规格，决定纸箱的数量。

2. 明确堆叠方法

操作人员要明确堆叠方法，遵循以下堆叠原则：

（1）将货品箱平行排列，根据托盘规格决定列数和每列的数量。

（2）堆码过程中按先远后近的原则堆码。

（3）将底层的货品堆码整齐，箱与箱之间不留空隙。

（4）箱与箱的交接面为正面与正面衔接，侧面与侧面衔接。

（5）将货品箱逐层叠堆码，层与层之间的货品箱平行，货品箱的四个角重叠，方向相同，直到堆码完成。

3. 按堆叠标准进行堆叠

在堆码过程中，要注意先堆码离操作员距离远的位置，然后再堆码距离操作员近的位置。这样，操作人员的行进距离缩短，减少了工作量。

4. 审核

审核的标准为：堆码的纸箱不超出托盘的范围，整齐，不超高。重叠式堆码法成品如图 4-1 所示。

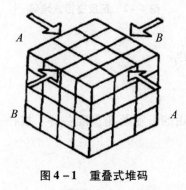

图 4-1　重叠式堆码

（二）正反交错式堆码

1. 工具准备

操作人员要将训练所使用的纸箱及托盘准备好。按托盘的规格及纸箱的规格，决定纸箱的数量。

2. 明确堆叠方法

操作人员要明确堆叠方法，遵循以下堆叠原则：

（1）每层货品箱在排列的时候，列与列之间的货品箱垂直放置。

（2）箱与箱的交接面为正面与侧面衔接。

（3）层与层之间的货品箱摆放的时候，上层的货品箱与下层的货品箱旋转180°摆放。

3. 按堆叠标准进行堆叠

在堆码过程中，要注意先堆码离操作员距离远的位置，然后再堆码距离操作员近的位置。这样，操作人员的行进距离缩短，减少工作量。整齐、合理地利用托盘的承载面积，按堆叠标准进行堆叠。

4. 审核

审核的标准为：堆码的纸箱不超出托盘的范围，整齐，不超高。正反交错式堆码法成品如图 4 - 2 所示。

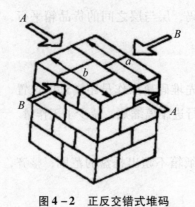

图 4 - 2　正反交错式堆码

（三）纵横交错式堆码

1. 工具准备

操作人员要将训练所使用的纸箱及托盘准备好。按托盘的规格及纸箱的规格，决定纸箱的数量。

2. 明确堆叠方法

操作人员要明确堆叠方法，遵循以下堆叠原则：

（1）货品箱的每层堆码方式与重叠式一样，水平同方向摆放。

（2）货品箱的第二层与底层旋转 90°摆放，如此循环，直到堆码结束。

3. 按堆叠标准进行堆叠

在堆码过程中，要注意先堆码离操作员距离远的位置，然后再堆码靠近操作员近的位置的。这样，操作人员的行进距离缩短，减少了工作量。

4. 审核

审核的标准为：堆码的纸箱不超出托盘的范围，整齐，不超高。纵横交错式堆码法成品如图 4 - 3 所示。

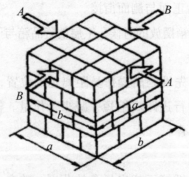

图 4 - 3　纵横交错式堆码

（四）旋转交错式

1. 工具准备

操作人员要将训练所使用的纸箱及托盘准备好。按托盘的规格及纸箱的规格，决定纸箱的数量。

2. 明确堆叠方法

操作人员要明确堆叠方法，遵循以下堆叠原则：

（1）货品箱的每层摆放为：相邻的货品箱相互垂直旋转摆放；根据托盘及货品箱的规格，也可以两个货品箱为一个单位相互垂直摆放。

（2）每个堆码单位的交界面必须有一个正面和一个侧面。

3. 按堆叠标准进行堆叠

在堆码过程中，要注意先堆码离操作员距离远的位置，然后再堆码靠近操作员近的位置的。这样，操作人员的行进距离缩短，减少了工作量。

4. 审核

审核的标准为：堆码的纸箱不超出托盘的范围，整齐，不超高。旋转交错式堆码法成品如图 4-4 所示。

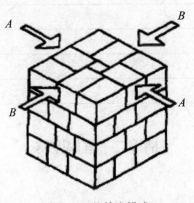

图 4-4　旋转交错式

步骤四：教师统计每个小组完成的时间和完成的效果；

步骤五：总结点评。

四、评价标准（如表 4-1 所示）

表 4-1　　　　　　　　　　　堆码操作评分表

被考评小组	
考评地点	

考评内容	托盘堆码操作方式				
考评标准	内　　容	分值（分）	自我评价（分）	小组评议（分）	实际得分（分）
	托盘堆码	35			
	货物堆垛	35			
	小组分工	10			
	竞赛能力	20			
合计		100			

注：1. 实际得分 = 自我评价 40% + 小组评议 60%。

　　2. 考评满分为 100 分，60 ~ 74 分为及格；75 ~ 84 分为良好；85 分以上为优秀（包括 85 分）。

五、实训总结

_____

_____

_____

_____

_____

_____

情境二　堆码比赛

一、实训名称

堆码比赛。

二、实训目的

熟练掌握堆码操作。

三、实训步骤

步骤一：参赛者到主裁判处领取"码箱规格要求"，然后到指定比赛位待命。

步骤二：裁判宣布比赛开始并计时。

步骤三：选手将地面上的货品取出。

步骤四：依照试题要求的三种码箱规格将地面上的货品码分别码在三个托盘上。

步骤五：堆码完毕后，交还副裁判"码箱规格要求"；停止计时。

实训说明：

（1）比赛时间为 3 分钟，超过 3 分钟的不予计分；

（2）川字形托盘（1m×1.2m）的 1.2m 面向参赛选手；

（3）比赛过程中，副裁判负责计时，记录选手的错误原因和错误次数；

（4）比赛过程中，主裁判负责发放比赛资料（码箱规格要求，如图 4-5 所示），赛后根据副裁判提供的选手比赛情况计算比赛得分，同时处理比赛中发生的纠纷；

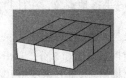  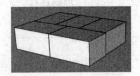

（a）重叠式　　　　　　　　（b）旋转交错式　　　　　　　（c）正反交错式
600mm×300mm×400mm　　　600mm×200mm×400mm　　　600mm×400mm×300mm

图 4-5　三种堆码方式

（5）一个选手比赛结束后，下个选手接着进行比赛；

（6）堆码为三层；

（7）比赛场地如图 4-6 所示。

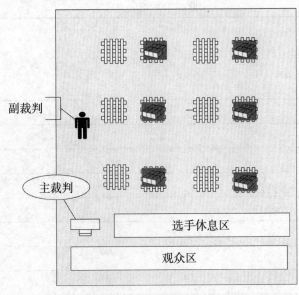

图 4-6　堆码比赛场地

四、评价标准

评分标准包括堆码时间，堆码方法的准确性和商品包装标志朝向，不同种类的区分及码放的层数要求。在准确无误的前提下，堆码时间最短者获胜。具体评分如下：

表4-2 堆码技术评分表

序号	评分项	分值（分）	要求
1	堆码时间	20	整个作业过程限时3分钟，每提前30秒加3分，每超时30秒扣3分。
1	堆码过程	20	轻拿轻放，避免野蛮装卸，出现野蛮装卸扣10分，搬运过程中出现货品脱手落地现象，一件物品扣5分。
2	缝隙均匀，垛型美观	10	货垛缝隙要求均匀，有明显空隙扣5分，超出托盘的长或宽5厘米、货物堆码高度超过限度扣10分。
3	排列有序，标志朝外	15	物品要求排列有序，标志一律朝外，标志朝向不符的，扣1分/个，扣至0分为止。
4	牢固，不得偏斜、歪倒	20	货垛要求牢固，不得偏斜、歪倒，若出现偏斜、歪倒现象成绩无效。
5	堆码形式准确	15	各种不同物品适用于不同的堆码方式，若堆码方式不正确，成绩无效。
	合计	100	

五、实训总结

能力知识点 2　影响储存商品质量变化的因素

一、实训任务

举例说明影响商品质量的因素。

二、实训目的

让学生掌握常用商品质量的影响因素。

三、实训步骤

步骤一：教师准备各种类型的商品，如冰糕、矿泉水、牛奶、鸡蛋、速冻鸡肉、玩具、服装等，并在标签上书写各种商品的名字。

步骤二：学生抽签，并说明该商品的质量影响因素。

步骤三：各小组讨论总结。

步骤四：学生自评、教师点评。

案　例

GKL 连锁超市集团租用了 XY 公司的库房放方便面、饼干等纸箱装干货，货物存储现状描述如下：货物外包装箱上有灰尘；温度控制表记录的温度最高为 45℃，最低为 -7℃；温度计显示记录为 75% 左右；仓库日常检查中发现一些小虫子，并发现老鼠痕迹；仓库的窗户很多，阳光能够直接照射到存储的货物上面。

思考题 ◆▶

根据案例材料回答下列问题：

（1）请根据以上描述，说出该仓库中影响产品质量的因素有哪些。（5 分）

（2）针对这些现象提出解决方法。（10 分）

参考答案 ◆▶

（1）①卫生条件；②温度；③湿度；④微生物和仓库害虫；⑤阳光。

（2）卫生条件：①产品上的灰尘需要经常清洁，并注意窗户和仓库门的开启，同时货物存储不应直接面对仓库门。②温度：仓库中的温度变化太大，在高温时要使用通风，空调等方式降温；低温时要使用暖气或避风等方式保温。③湿度：使用抽湿机等方式降低温度，使湿度保持在合理范围。④微生物和仓库害虫：保持仓库卫生，使用驱鼠方法进行，若使用杀虫剂，应高频率定期监控，并清扫。⑤阳光：使用或移动货物等方式，防止阳光直晒。

四、评价标准（如表4-3所示）

表4-3　　　　　　　　　　　　商品质量影响因素评分表

被考评小组					
考评地点					
考评内容	商品质量影响因素				
考评标准	内　容	分值（分）	自我评价（分）	小组评议（分）	实际得分（分）
	态度积极	35			
	案例分析	35			
	小组分工	10			
	竞赛能力	20			
合计		100			

注：1. 实际得分 = 自我评价40% + 小组评议60%。

　　2. 考评满分为100分，60~74分为及格；75~84分为良好；85分以上为优秀（包括85分）。

五、实训总结

_____

_____

_____

_____

_____

_____

_____

_____

_____

_____

能力知识点3　控制和调节库内温湿度的方法

一、实训任务

讲解各种商品的保存温度和湿度。

二、实训目的

让学生熟悉一般商品保存的温度和湿度。

三、实训步骤

步骤一：教师准备各类型的商品，如苹果、西瓜、大蒜、鸡蛋、雪糕、蛋糕和鞋子等，并在标签上书写上述各种商品的名字。

步骤二：学生抽签，并说明该商品的存储温度和湿度。

步骤三：各小组讨论总结。

步骤四：学生自评、教师点评。

四、评价标准（如表4-4所示）

表4-4　　　　　　　　　　　温湿度控制评分表

被考评小组					
考评地点					
考评内容	温湿度控制				
考评标准	内　　容	分值（分）	自我评价（分）	小组评议（分）	实际得分（分）
	态度积极	35			
	语言表达	35			
	小组分工	10			
	竞赛能力	20			
合计		100			

注：1. 实际得分＝自我评价40%＋小组评议60%。

　　2. 考评满分为100分，60~74分为及格；75~84分为良好；85分以上为优秀（包括85分）。

五、实训总结

能力知识点4　仓库的害虫和防治

一、实训任务

了解常见易蛀虫商品。

二、实训目的

让学生熟悉常见易蛀虫的商品。

三、实训步骤

步骤一：教师准备各类型的商品，如毛丝织品与毛、皮制品，竹藤制品，纸张及纸制品等，并在标签上书写上述各种商品的名字。

步骤二：学生抽签，并说明该商品易蛀虫的种类。

步骤三：各小组讨论总结。

步骤四：学生自评、教师点评。

四、评价标准（如表4–5所示）

表4–5　　　　　　　　　　　仓库害虫防治评分表

被考评小组				
考评地点				
考评内容	仓库害虫防治			
考评标准	内　　容	分值（分）	自我评价（分）	小组评议（分）	实际得分（分）
	态度积极	35			
	语言表达	35			

续 表

考评内容	仓库害虫防治				
考评标准	内 容	分值（分）	自我评价（分）	小组评议（分）	实际得分（分）
	小组分工	10			
	竞赛能力	20			
合计		100			

注：1. 实际得分＝自我评价40%＋小组评议60%。

　　2. 考评满分为100分，60～74分为及格；75～84分为良好；85分以上为优秀（包括85分）。

五、实训总结

_____

_____

_____

_____

_____

_____

能力知识点5　商品的霉变腐烂与防治

一、实训任务

防治商品霉变腐烂。

二、实训目的

让学生知悉防治常见商品霉变的办法。

三、实训步骤

步骤一：教师准备各类型商品，如棉麻、纸张、糖果、蔬菜、生鱼等，并在标签上书写上述各种商品的名字。

步骤二：各组选代表抽签，并讨论该商品防霉变的办法。

步骤三：各小组总结并发言。

步骤四：学生自评、教师点评。

四、评价标准

表 4 – 6 商品防霉变评分表

被考评小组					
考评地点					
考评内容	商品防霉变				
考评标准	内　　容	分值（分）	自我评价（分）	小组评议（分）	实际得分（分）
	态度积极	35			
	语言表达	35			
	小组分工	10			
	竞赛能力	20			
合计		100			

注：1. 实际得分 = 自我评价 40% + 小组评议 60%。

　　2. 考评满分为 100 分，60 ~ 74 分为及格；75 ~ 84 分为良好；85 分以上为优秀（包括 85 分）。

五、实训总结

_____

_____

_____

_____

_____

_____

能力知识点 6　特殊商品管理

一、实训任务

如何防锈与除锈（制作 PPT）。

二、实训目的

让学生掌握金属品防锈与除锈的方法。

三、实训步骤

步骤一：教师将班级学生分成 9 组，每组 5 人。

步骤二：每个小组人员搜集金属品防锈和除锈的方法，并举生活中案例佐证，最后制作成 PPT。

步骤三：各小组选代表讲解 PPT。

步骤四：学生自评、教师点评。

四、评价标准（如表 4 –7 所示）

表 4 –7　　　　　　　　　　特殊商品管理评分表

被考评小组					
考评地点					
考评内容	特殊商品管理				
考评标准	内容	分值（分）	自我评价（分）	小组评议（分）	实际得分（分）
	态度积极	35			
	语言表达	35			
	小组分工	10			
	竞赛能力	20			
合计		100			

注：1. 实际得分 = 自我评价 40% + 小组评议 60%。

　　2. 考评满分为 100 分，60 ~ 74 分为及格；75 ~ 84 分为良好；85 分以上为优秀（包括 85 分）。

五、实训总结

_____

_____

_____

_____

_____

_____

_____

_____

_____

能力知识点7 商品包装

一、实训任务

读图认识包装上的标识。

二、实训目的

让学生知悉各种运输标识的内涵。

三、实训步骤

步骤一：将班级学生按照要求分组。

步骤二：准备各种运输标识的图片。

步骤三：竞赛开始，各组学生准备回答。

游戏规则：参与竞赛的学生分成8个小组，每组6个人，每组原始分数60分。老师提供各包装的图片，各组竞赛回答，先举手者先得回答权。回答错误者减10分，回答正确者加10分，如果能在回答正确的基础上，正确介绍该种包装标识的用途，再加10分，如果介绍不正确，则减5分。并对最终得分最高的团队给予奖励。

步骤四：老师对比赛的各组选手进行点评。

四、评价标准（如表4-8所示）

表4-8   商品包装评分表

被考评小组					
考评地点					
考评内容	商品包装				
考评标准	内　　容	分值（分）	自我评价（分）	小组评议（分）	实际得分（分）
	态度积极	35			
	语言表达	35			
	小组分工	10			
	竞赛能力	20			
合计		100			

注：1. 实际得分 = 自我评价40% + 小组评议60%。

2. 考评满分为100分，60~74分为及格；75~84分为良好；85分以上为优秀（包括85分）。

五、实训总结

_____

_____

_____

_____

_____

_____

_____

能力知识点8 商品盘点管理

一、实训任务

商品盘点作业实训。

二、实训目的

让学生掌握基本的盘点方法并制作盘点表。

三、实训步骤

步骤一：盘点工作准备。

（1）盘点前需要将所有能入库归位的货物全部归位入库登账，不能归位入库或未登账的进行特殊标示，注明不参加本次盘点；

（2）将仓库所有货物进行整理整顿标示，所有货物外箱上都要求有相应货物 SKU、储位标示。同一储位货物不能放置超过 2 米远的距离，且同一货架的货物不能放在另一货架上。

（3）盘点前仓库账务需要全部处理完毕；

（4）账务处理完毕后，需要制作"仓库盘点表"，表的格式请参照附件，并将完成后的电子文档发邮件给对应财务人员（有单项金额）；

（5）在盘点计划时间只有一天的情况下，需要组织人员先对库存货物进行初盘。

步骤二：初盘。

1. 初盘方法及注意事项

（1）只负责"盘点计划"中规定区域内的初盘工作，其他区域在初盘过程不予以负责；

（2）按储位先后顺序和先盘点零件盒内货物再盘点箱装货物的方式进行先后盘点，不允许采用零件盒与箱装货物同时盘点的方法；

（3）所负责区域内的货物一定要全部盘点完成；

（4）初盘时需要重点注意下盘点数据错误原因：货物储位错误，货物标示 SKU 错误，货物混装等。

2. 初盘作业流程

（1）初盘人准备相关文具及资料（A4 夹板、笔、盘点表）；

（2）根据"盘点计划"的安排对所负责区域内进行盘点；

（3）按零件盒的储位先后顺序对盒装货物进行盘点；

（4）盒内货物点数完成确定无误后，根据储位和 SKU 在"盘点表"中找出对应的货物行，并在表中"零件盒盘点数量"一栏记录盘点数量；

（5）按此方法及流程盘完所有零件盒内货物；

（6）继续盘点箱装货物，也按照箱子摆放的顺序进行盘点；

（7）在此之前如果安排有"初盘前盘点"，则此时只需要根据货物外箱"盘点卡"上的标示确定正确的 SKU、储位信息和盘点表上的 SKU、储位信息进行对应，并在"盘点表"上对应的"箱装盘点数量"一栏填上数量即可，同时需要在"盘点卡"上进行盘点标记表示已经记录了盘点数量；

（8）如之前未安排"初盘前盘点"或发现异常情况（如外箱未封箱、外箱破裂或其他异常时）需要对箱内货物进行点数；点数完成确定无误后根据外箱"盘点卡"上信息在对应盘点表的"箱装盘点数量"一栏填上数量即可；

（9）按以上方法及流程完成负责区域内整个货架货物的盘点；

（10）初盘完成后根据记录的盘点异常差异数据对货物再盘点一次，以保证初盘数据的正确性；

（11）在盘点过程中发现异常问题不能正确判定或不能正确解决时可以找"查核人"处理。初盘时需要重点注意下盘点数据错误原因：货物储位错误，货物标示 SKU 错误，货物混装等；

（12）初盘完成后，初盘人在"初盘盘点表"上签名确认，签字后将初盘盘点表复印一份交给仓储部助理存档，并将原件给到指定的复盘人进行复盘；

（13）初盘时如发现该货架货物不在所负责的盘点表中，但是属于该货架货物，同样需要进行盘点，并对应记录在"盘点表"的相应栏中；

（14）特殊区域内（无储位标示货物、未进行归位货物）的货物盘点由指定人员进行；

（15）初盘完成后需要检查是否所有箱装货物都有进行盘点和箱上的盘点卡是否有表示已记录盘点数据的盘点标记。

步骤三：复盘。

1. 复盘注意事项

（1）复盘时需要重点查找以下错误原因：货物储位错误，货物标示 SKU 错误，货物混装等；

（2）复盘有问题的需要找到初盘人进行数量确认。

2. 复盘作业流程

（1）复盘人对"初盘盘点表"进行分析，快速作出盘点对策，按照先盘点差异大，后盘点差异小，再抽查无差异货物的方法进行复盘工作；复盘可安排在初盘结束后进行，且可根据情况在复盘结束后再安排一次复盘；

（2）复盘时根据初盘的作业方法和流程对异常数据货物进行再一次点数盘点，如确定初盘盘点数量正确时，则"盘点表"的"复盘数量"不用填写数量；如确定初盘盘点数量错误时，则在"盘点表"的"复盘数量"填写正确数量；

（3）初盘所有差异数据都需要经过复盘盘点；

（4）复盘时需要重点查找以下错误原因：货物储位错误，货物标示 SKU 错误，货物混装等；

（5）复盘完成后，与初盘数据有差异的需要找初盘人予以当面核对，核对完成后，将正确的数量填写在"盘点表"的"复盘数量"栏，如以前已经填写，则予以修改；

（6）复盘人与初盘人核对数量后，需要将初盘人盘点错误的次数记录在"盘点表"的"初盘错误次数"中；

（7）复盘人不需要找出货物盘点数据差异的原因，如果很清楚确定没有错误，可以将错误原因写在盘点表备注栏中；

（8）复盘时需要查核是否所有的箱装货物全部盘点完成及是否有做盘点标记；

（9）复盘人完成所有流程后，在"盘点表"上签字并将"盘点表"给到相应"查核人"。

步骤四：抽盘。

1. 抽盘注意事项

（1）抽盘最主要的是最终确定货物差异和差异原因；

（2）抽盘过程中对于问题很大的，也不要光凭经验和主观判断，需要找初盘人或复盘人确定。

2. 抽盘作业流程

（1）抽盘人对复盘后的盘点表数据进行分析，以确定抽盘重点、方向、范围等，按照先盘点数据差异大，后盘点数据差异小的方法进行抽盘工作；抽盘可安排在初盘或复盘过程中或结束之后；

（2）抽盘人根据初盘、复盘的盘点方法对货物异常进行抽盘，将正确的抽盘数据填写在"盘点表"上的"抽盘数量"栏中；

（3）确定最终的货物盘点差异后，需要进一步找出错误原因并写在"盘点表"的相应位置；

（4）按以上流程完成抽盘工作，将复盘的错误次数记录在"盘点表"中；

（5）抽盘人完成抽盘工作后在"盘点表"上签字并将"盘点表"交给仓储部，由仓储部负责人安排"盘点数据录入人员"进行数据录入工作。

请盘点我校物流实训基地货品或超市商品，填写盘点报表（如表4－9所示）及盘（盈/亏）报表（如表4－10所示）。

表4－9　　　　　　　　　　　盘点报表

部门名称：　　　　库别（或线别）：　　　　　　储位：　　　　日期：　年　月　日

序号	物料名称	规格	计量单位	账面数量	实盘数量			盘差分析		备注
					初盘	复盘	抽盘	盘差数量	盘差原因及分析	
1										
2										
3										
4										
5										
6										
7										
8										
9										

表 4 – 10　　　　　　　　　　　盘（盈/亏）报表

部门名称：　　　　　库别（或线别）：　　　　　储位：　　　　　日期：　年　月　日

序号	物料名称	规格	单位	账面数量	实盘数量	盘盈数量	盘亏数量	盘差原因分析	备注
1									
2									
3									
4									
5									
6									
7									
8									

四、评价标准（如表 4 – 11 所示）

表 4 – 11　　　　　　　　　　　托盘堆码评分表

被考评小组					
考评地点					
考评内容	托盘堆码方式				
考评标准	内　　容	分值（分）	自我评价（分）	小组评议（分）	实际得分（分）
	盘点单	35			
	盘点流程	35			
	小组分工	10			
	竞赛能力	20			
合计		100			

注：1. 实际得分 = 自我评价 40% + 小组评议 60%。

　　2. 考评满分为 100 分，60 ~ 74 分为及格；75 ~ 84 分为良好；85 分以上为优秀（包括 85 分）。

五、实训总结

_____

_____

_____

_____

_____

盘点比赛

盘点单信息

在 WMS 系统中生成小件存放区盘点指令，操作 RF 对小件存放区商品进行盘点，根据盘点实际情况打印盘点汇总表。

步骤一：制作盘点单据。（如图 4－7 至图 4－17 所示）

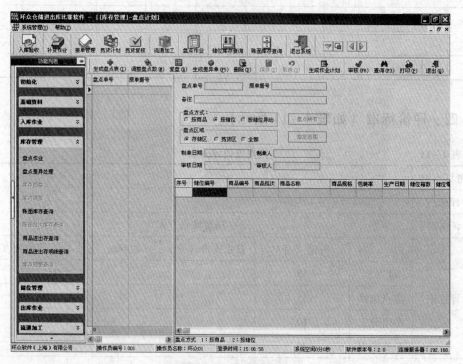

图 4－7　盘点计划

（1）点击"生成盘点表"选择盘点方式，一般采用"按储位"或"按商品"进行盘点。此图是：对指定储位进行盘点（按储位，拣货匙）。

（2）RF 手持操作。

（3）点击 (5)盘点作业 进入操作模块，扫描储位，对商品进行核对无误，数清剩余数量，并记录，保存。

（4）根据此操作方法，完成剩余需要盘点的储位或商品。

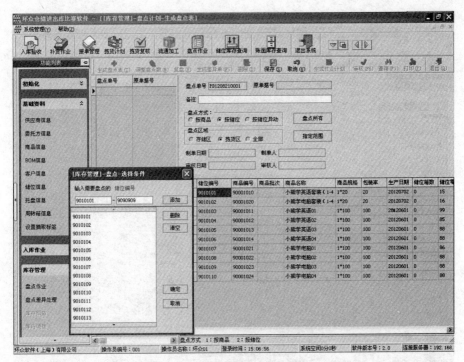

图 4 - 8 生成盘点表

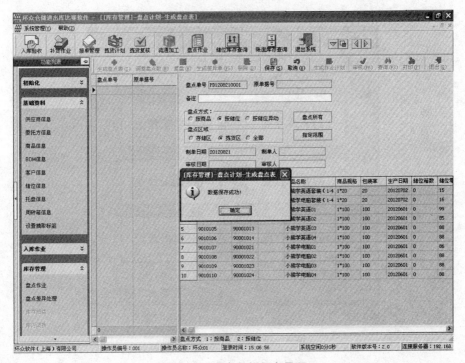

图 4 - 9 盘点数据保存界面

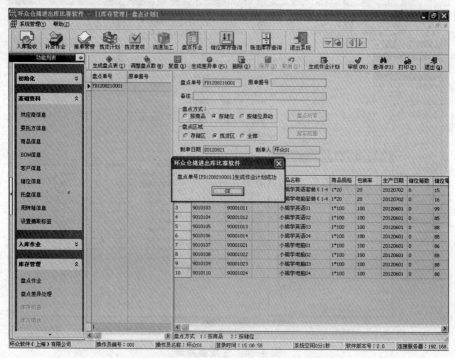

图 4 - 10　生成作业计划成功界面

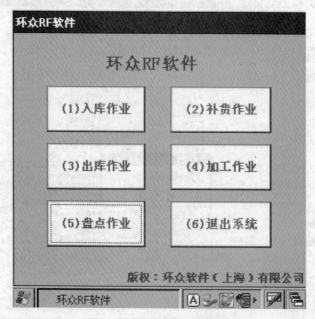

图 4 - 11　RF 盘点作业界面

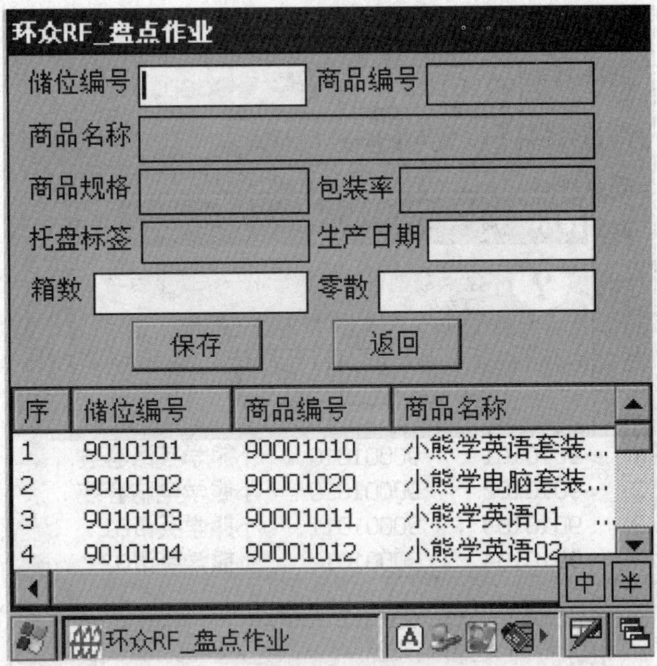

图 4－12 盘点作业界面（1）

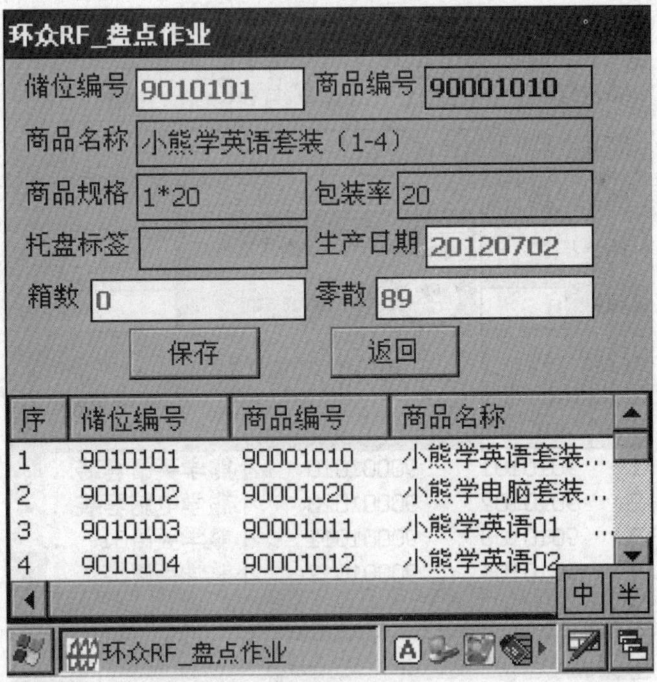

图 4－13 盘点作业界面（2）

图 4 – 14　盘点作业界面 （3）

图 4 – 15　盘点作业保存界面

图 4 - 16 盘点作业保存成功

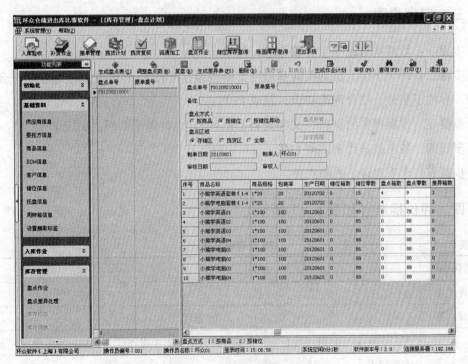

图 4 - 17 盘点计划系统界面

模块五 绩效管理

能力知识点 1 仓库管理的 7S 活动

一、实训任务

实训基地的 7S 检查。

二、实训目的

让学生知悉 7S 管理的具体内容。

三、实训步骤

步骤一：教师将班级学生分成 9 组，每组 5 人。

步骤二：每个小组人员到实训基地搜集哪些地方符合 7S 管理，哪些地方不符合 7S 管理，并拍下照片，结合理论知识，制成 PPT。

步骤三：根据搜集的资料（文字资料和照片），结合理论知识，制成 PPT。

步骤四：各小组选代表讲解 PPT。

步骤五：学生自评、教师点评。

四、评价标准（如表 5 –1 所示）

表 5 –1
7S 管理评分表

被考评小组				
考评地点				
考评内容	7S 管理			
考评标准	内　容	分值（分）	自我评价（分）	小组评议（分）	实际得分（分）
	态度端正	35			
	语言表达	35			
	小组分工	10			

续 表

考评标准	内　　容	分值（分）	自我评价（分）	小组评议（分）	实际得分（分）
	竞赛能力	20			
合计		100			

注：1. 实际得分 = 自我评价40% + 小组评议60%。

　　2. 考评满分为100分，60～74分为及格；75～84分为良好；85分以上为优秀（包括85分）。

五、实训总结

_____

_____

_____

_____

_____

_____

_____

_____

_____

_____

能力知识点2　仓库职工的绩效管理

一、实训任务

为仓储管理工作制定考核绩效，提高员工的积极性。

二、实训目的

让学生知悉绩效管理的基本内容。

三、实训步骤

步骤一：教师将班级学生分成9组，每组5人。

步骤二：每个小组人员搜集绩效管理的资料并讨论，制定仓储绩效管理的基本制度。

步骤三：各小组选代表讲解 PPT。

步骤四：学生自评、教师点评。

仓库管理人员绩效考核办法

一、适用对象：仓库主管、记账员、库管员

二、考核周期：季度及年度考核

三、绩效评估指标

1. 行为指标

物控流程符合度，权重 30%（如表 5-2 所示）。

表5-2　　　　　　　　　　　　　行为指标

序号	不符合事项	扣分值
1	物料收发单据填写不完整性	2
2	物料收发异动，而账、卡更新不及时	3
3	未落实循环盘点工作，且实施记录未保持完整	3
4	盘点差异原因未进行分析及改进，以提高库存准确率	3
5	未按时提交库龄报告、有效期报告、质量异常物料报告及废品报告	2
6	在库不合格物料、报废产品未明确标示	2

2. 业绩指标

2.1　提升库存正确率　权重 70%

a. 账、物、卡定期盘点（全盘），盘点差异品项÷盘点品项总数≤X%；

2008 年 Q1，$X = 95$；

2008 年 Q2，$X = 96$；

2008 年 Q3，$X = 97$；

2008 年 Q4，$X = 98$；

b. 不定期盘点，抽盘的符合率98%（随机抽查 20 个品项）；

2.2　降低库存水平　　权重 0%（暂不考核）

低周转物资（滞库时间超过 3 个月以上），以及

不良品占整个库存的比例＜上一季度的比例：

2008 年 Q1 ＜　　%（以 2007 年年底比例为标准）

2008 年 Q2 ＜　 %

2008 年 Q3 ＜　 %

2008 年 Q4 ＜　 %

3. 考核标准及权重（如表 5 - 3 所示）

表 5 - 3　　　　　　　　　　　考核标准及权重

考核指标	衡量基准	权重（季度考核）
库存正确率：A 类物料	100%	40%
B 类物料	98%	20%
C 类物料	96%	10%
低周转物资以及不良品占整个库存的比例	X%	0%
物控流程符合度	扣点值≤8	30%
合　计		100%

考核成绩加分

仓库人员提出合理化建议，经公司评审后采用，对提升库存正确率及降低库存水平产生明显效果者（以财务部核定的报表数据为准），对提出建议单位的相关参与人员给以考核成绩总分加 0.5 分的奖励。

4. 销售助理考核评分表（如表 5 - 4 所示）

表 5 - 4　　　　　　　　　　　销售助理考核评分表

分数 衡量基准 考核项目	1	2	3	4	5
库存正确率 A 类物料	未达到 2	97%	98%	99%	100%
B 类物料	未达到 2	97%	98%	99%	100%
C 类物料	未达到 2	95%	96%	97%	98%
低周转物资以及不良品占整个库存的比例	未达到 2	%	%	%	%
物控流程符合度	未达到 2	扣点值 10	扣点值 8	扣点值 5	扣点值 3

5. 绩效考核得分等级转换表（如表 5 – 5 所示）

表 5 – 5 绩效考核得分等级转换表

等级	杰出 A	优秀 B	达成 C	部分达成 D	未达成 E
得分	≥4.5	≥4.0	≥3.5	≥3.35	低于 3.0
培训发展	重点培养	纳入人才 培养梯队	增强技能 维持绩效	要求改进	无法胜任 辞退
年度调薪	薪级晋升二级	薪级晋升一级	维持原薪	薪级下降一级	

6. 考核等级系数转换表（如表 5 – 6 所示）

表 5 – 6 考核等级系数转换表

考核结果	A	B	C	D
考核系数	1.5	1.2	1.0	0.7

四、绩效奖金管理

1. 仓库人员及干部核定工资的 30% 作为浮动工资，与绩效考核结果挂钩；

2. 实发浮动工资 = 工资浮动工资 × 120% × 考核系数。

五、员工激励—季度/年度优秀仓管人员评比办法

1. 为提高员工工作主动性和积极性，鼓励员工发挥工作热情和创意，特制订本激励办法，以期提升仓库管理绩效，协助公司达成降低库存成本的短中期战略目标。

2. 评比标准：

2.1 季度/年度绩效考核评分；

2.2 季度/年度出勤率98%以上；

2.3 当同分时，比较出勤率；

2.4 年度评分为第四季度成绩与第一至第三季度成绩的总平均分；

2.5 违反公司纪律被记小过者，不得参加。

3. 按绩效考核得分高低评选"仓库主管"及"仓管员"各一名为"优秀仓管楷模"。

4. 季度优胜者颁发奖状，奖金主管 500 元，仓管员 300 元；厂内通报褒扬。

5. 年度优胜者颁发奖状，奖金主管 1000 元，仓管员 600 元；厂内通报褒扬。

6. 考核实施单位：

组织部门：人力资源部

协办部门：财务部

7. 考核数据提供单位：

财务部：库存正确率；低周转物资以及不良品占整个库存的比例；

物控流程符合度

出勤率：人力资源部

8. 本办法由财务部负责解释本修订。

×××有限公司

××××年×月×日

六、评价标准（如表5-7所示）

表5-7 员工绩效管理评分表

被考评小组					
考评地点					
考评内容	员工绩效管理评价				
考评标准	内　　容	分值（分）	自我评价（分）	小组评议（分）	实际得分（分）
	态度端正	35			
	语言表达	35			
	小组分工	10			
	竞赛能力	20			
合计		100			

注：1. 实际得分 = 自我评价40% + 小组评议60%。

2. 考评满分为100分，60~74分为及格；75~84分为良好；85分以上为优秀（包括85分）。

七、实训总结

_____

_____

_____

_____

_____

_____

_____

_____

_____

_____

_____

能力知识点3　仓库保管员岗位职责

一、实训任务

制定仓库保管员的岗位职责。

二、实训目的

熟悉仓库保管员的职责。

三、实训步骤

步骤一：教师安排各组制定信息员、保管员、操作员等岗位职责。

步骤二：各组成员经资料查找、讨论后制定。

步骤三：各组选派代表讲解。

步骤四：教师点评。

仓库保管员岗位职责：

（1）树立为生产服务、为公司服务的观点，爱护公司财产，忠于职守，廉洁奉公，热爱仓库工作，树立高度责任感，认真钻研业务，不断提高管理水平。

（2）在部长领导下，负责仓库的物料保管、验收、入库、出库等工作。并配合部长做好车间管理工作。

（3）及时编制采购计划、物料添加计划，及时汇报与生产、发货有关的材料、成品的库存情况，确保生产、发货的正常执行。

（4）严格执行公司仓库保管制度及其先进先出的原则，杜绝少装、混装、防止收发货物差错的出现。入库要及时登账，手续检验不合要求，不准入库；出库时手续不全不发货，特殊情况须经有关领导签批。

（5）合理安排物料在仓库内的存放次序，按物料种类、规格、等级分区堆码，卡片内容登记齐全，不得混合乱堆，保持库区的整洁。

（6）重视仓储成本管理，不断降低仓储成本。妥善保管好剩料、废旧包装的收集和处理，做好回收工作。用具、货板等妥善保管、细心使用，促使延长使用寿命。

（7）各类物资分类账目齐全，进出清楚，做到有据可循，负责定期对仓库物料盘点清仓，做到账、卡、物三者相符，对报废产品及时清理，做好盘盈、盘亏的处理及调账工作。

（8）负责仓库管理中的入、出库单、验收单等原始资料、账册的收集、整理和建档工作，每月月底及时编制相关的统计报表，报财务部审核。

（9）负责仓库区域内的治安、防盗、消防工作，发现事故隐患及时上报，对意外事件及时处置。

（10）负责将物料的存储环境调节到最适条件，经常关注温度、湿度、通风、鼠害、虫害、腐蚀等因素，并采取相应措施。

（11）做到以公司利益为重，爱护公司财产，不得监守自盗。

（12）完成领导、部长临时交办的其他任务。

工作流程：

一、入库

（1）外购材料入库 做好入库前数量清点，查验材料质量，符合要求，填制入库单：按入库单的要求分别填列，内容有：①供货单位；②供货单位地址及电话联系人；③材料类别；④发货号码或送货单号码；⑤送货日期；⑥材料编号；⑦材料名称；⑧规格；⑨计量单位；⑩数量（应收、实收）；⑪单价；⑫无税金额；⑬抵税金额；⑭部门主管签字；⑮记账签字；⑯验收签字；⑰制单签字。入库单一式四联：第一联存根（用于备查）；第二联交财务部（登记材料往来）；第三联仓库记账（登记存货卡、账簿）；第四联交采购部（用于材料付款结账）。

（2）半成品入库（内部调拨）填制半成品入库单内容有：①入库产品的单位；②日期；③产品编码；④规格；⑤数量；⑥包装定额及箱数；⑦入库人签字；⑧制单人签字等填写完整。入库单一式四联：第一联存根（用于备查）；第二联交财务部（了解生产状况）；第三联仓库记账（登记存货卡、账簿）；第四联交部门主任（随时掌握生产情况）。

（3）产成品入库 产品完工，经质量检验员检验合格后，车间填写"产品入库单"。填列内容有：①入库产品的单位；②日期；③产品编码；④产品名称；⑤规格；⑥数量；⑦包装定额及箱数；⑧验收签字；⑨制单签字等填写完整。入库单一式四联第一联存根（用于备查）；第二联交财务部（登记产成品数量）；第三联仓库记账（登记存货卡、账簿）；第四联交部门主任（随时掌握生产情况）。

（4）报废品入库 车间填写"产品入库单"时，除原来填写的内容以外应注明报废原因入库。

二、出库

（1）原材料出库（领用材料）车间填写"材料领料单"，填列内容有：①日期；②材料名称；③规格；④数量；⑤单价；⑥金额；⑦部门主管签字；⑧领料人签字；⑨发货人签字等填写完整。领料单一式四联：第一联存根（用于备查）；

第二联交车间；第三联仓库记账（登记存货卡、账簿）；第四联交部门主任（随时掌握生产情况）。

（2）半成品出库 填制半成品出库单内容有：①出库产品的单位；②日期；③产品编码；④规格；⑤数量；⑥包装定额及箱数；⑦领用人签字；⑧发货人签字等填写完整。出库单一式四联：第一联存根（用于备查）；第二联交财务部（了解生产状况）；第三联仓库记账（登记存货卡、账簿）；第四联交部门主任（随时掌握生产情况）。

（3）成品出库必须按照"先进先出"原则办理出库，必须经质检认定无问题后，填写产品出库单及送（提）货单，送（提）货单由购货单位签字或盖章确认后回传仓库。出库单的填写内容有：①收货单位名称；②收货单位地址及电话联系人；③订单号；④送货日期；⑤产品编号；⑥产品名称；⑦规格；⑧计量单位；⑨数量；⑩单价；⑪金额；⑫包装定额及箱数；⑬部门主管签字；⑭发货人签字；⑮送货人签字；⑯收货人签字。送货单一式五联：第一联存根（用于备查）；第二联仓库记账（登记存货卡、账簿）；第三联出门证；第四联验收回执；第五联收货单位留存。

（4）报废产品出库 对报废产品应及时整理，清点报废，减少库存。报废时应填制报废单，内容有：①报废产品的单位；②日期；③产品编码；④规格；⑤数量；⑥单价；⑦金额；⑧报废原因；⑨部门主管签字；⑩制单人签字；⑪注塑物流部签字等。报废单一式四联：第一联存根（用于备查）；第二联仓库记账（登记存货卡、账簿）；第三联报废回执（必须经过物流部签字）；第四联收货单位留存。

三、编制报表

（1）设置账簿：原材料账簿、半成品账簿、在产品账簿、产成品账簿、实地货物卡、随发生时间及时登记。

（2）每月月底，根据以上入库单，出库单，定期编制"原材料盘点表"、"半成品盘点表"、"在产品盘点表"、"产成品盘点表"、"库存汇总表"。应做到表格计算准确，表与表的衔接关系准确，所附单据齐全。

（3）与供应商、销售商及时核对账目，确认销售金额，以便及时开票。

（4）每月月底（26日）应与公司物流部核对注塑件的入库金额，如有差额，应及时调整。

四、评价标准（如表 5 – 8 所示）

表 5 – 8　　　　　　　　　仓管员岗位职责评分表

被考评小组					
考评地点					
考评内容			仓管员岗位职责		
考评标准	内　　容	分值（分）	自我评价（分）	小组评议（分）	实际得分（分）
	态度端正	35			
	语言表达	35			
	小组分工	10			
	竞赛能力	20			
合计		100			

注：1. 实际得分 = 自我评价 40% + 小组评议 60%。

　　2. 考评满分为 100 分，60 ~ 74 分为及格；75 ~ 84 分为良好；85 分以上为优秀（包括 85 分）。

五、实训总结

_____

_____

_____

_____

_____

_____

_____

_____

能力知识点 4　值得参考的库存管理办法

一、实训任务

库存管理办法。

二、实训目的

让学生知悉不同的商业形式采用的库存管理办法。

三、实训步骤

步骤一：教师将班级学生分成 9 组，每组 5 人。

步骤二：任务分别为校内便利店、大润发超市、通用汽车制定相应的库存管理办法。

步骤三：每个小组人员搜集资料，制定对应的库存管理办法。

步骤四：各小组选代表讲解 PPT。

步骤五：学生自评、教师点评。

案 例

戴尔公司位于美国德克萨斯州的总部工厂的周围分布着许多零部件供应商的小型物流中心（零部件仓库），这些小型物流中心被称为"周转式零部件仓库"，它们与总部工厂的距离很近。通常，车行 15 分钟就可以到达。这些供应商事前在此储备着各种零部件，一旦戴尔公司获得订单，零部件供应商就会以必要的部件、必要的时间、必要的数量实施小批量高频率的配送作业。

戴尔公司按照 7 天使用量安排库存，由于计算机库存价格每周降低 1%，因此 7 天的库存显然过多，加剧了库存风险，比如，1993 年戴尔公司销售额为 26 亿美元，库存费用 3 亿 4200 万美元，当年出现了亏损。在这种情况下，戴尔公司意识到必须进行彻底的库存管理，分布在工厂周围的供应商储备仓库为缓解戴尔公司库存压力发挥了积极作用。1997 年戴尔公司销售额达到 123 亿美元。库存费用却只有 2 亿 3300 万美元。戴尔公司位于美国本土的两家工厂通过引入新的生产方式，零部件库存仅保留在 5 个半小时之内，公司的平均库存虽然为 7 天，但是采用新的生产方式后，工厂的库存水平也大幅度降低了。

戴尔公司在很长一段时间与 200 多家零部件供应商保持交易关系，过多的供应商无法保证准时配送，于是该公司将供货渠道集中在 15～20 家核心企业上。这些企业为了保证向戴尔公司提供及时的供应，在戴尔工厂的附近设置了很多零部件仓库。戴尔公司之所以能够不建立零部件库存而又能适应顾客对计算机产品的多种需求，正是因为与核心供应商建立起了紧密的合作关系。在这种伙伴关系下，戴尔公司不承担库存风险，而是由供应商承担，通过与零部件供应商构建紧密的合作关系将库存控制在最低水平。

思考题 ➕➤

你认为戴尔公司在库存管理上有哪些经验值得借鉴？

参考答案 ➕➤

戴尔公司位于美国德克萨斯州的总部工厂的周围分布着许多零部件供应商的小型物流中心（零部件仓库），一旦戴尔公司获得订单，零部件供应商就会以必要的部件、必要的时间、必要的数量实施小批量高频率的配送作业。分布在工厂周围的供应商储备仓库为戴尔公司缓解了库存压力，戴尔公司不承担库存风险，而是由供应商承担，通过与零部件供应商构建紧密的合作关系将库存控制在最低水平。

四、评价标准（如表 5 - 9 所示）

表 5 - 9　　　　　　　　　　库存管理评分表

被考评小组					
考评地点					
考评内容			库存管理		
考评标准	内　容	分值（分）	自我评价（分）	小组评议（分）	实际得分（分）
	态度端正	35			
	语言表达	35			
	小组分工	10			
	竞赛能力	20			
合计		100			

注：1. 实际得分 = 自我评价 40% + 小组评议 60%。
　　2. 考评满分为 100 分，60 ~ 74 分为及格；75 ~ 84 分为良好；85 分以上为优秀（包括85分）。

五、实训总结

_____

_____

_____

_____

模块六　安全管理

能力知识点1　仓库的防火和灭火

一、实训任务

仓库防火和灭火（制作 PPT）。

二、实训目的

让学生知悉仓库防火和灭火的方法。

三、实训步骤

步骤一：教师将班级学生分成9组，每组5人。

步骤二：每个小组人员搜集仓库防火和灭火的方法，最后制作成 PPT。

步骤三：各小组选代表讲解 PPT。

步骤四：学生自评、教师点评。

案例　上海闵行区棉花仓库火灾事故原因

2000 年 11 月 13 日，中国农业生产资料总公司上海分公司储运经营部棉花仓库发生火灾，烧毁（损）棉花 2109 吨，损失 310 万元；建筑损失 14 万元；水渍损失 39 万元。合计直接财产损失 363 万元。

一、起火单位基本情况

中国农业生产资料总公司上海分公司储运经营部棉花仓库位于上海市闵行区通海路 275 号，隶属于中国供销合作总社，该仓库于 1978 年 12 月开工建设，1980 年 10 月竣工，为 5 层钢筋混凝土框架结构，东西长 103 米，南北宽 42 米，高 29 米，分东西两个区域，共 10 个仓间，每个仓间面积 1764 平方米，仓库设墙式消火栓 20 个，配备各类灭火器具 252 具，进口手台泵一台，楼顶设有 30 吨储水箱，地面设消防泵 2 台，室外消火栓 3 个, 东侧有丰富的可供灭火的黄浦江天然水源。

该仓库原设计为丁戊类仓库, 主要从事化肥中转、储存等业务, 因货源不足, 1997 年 8 月经闵行区防火监督处批准同意, 设为储存中国棉花总公司上海分公司的国家储备棉花, 品种主要有美国棉、苏丹棉, 其中东区二至五层共储存棉花 5000 吨。入库三年多来, 一直处于封仓储存状况, 直至 2000 年 10 月 24 日经抽样后, 于 10 月 30 日至 11 月 12 日在起火部位的三楼、五楼开始陆续向外出库装船。

二、火灾事故发生的经过和原因

(一) 火灾事故的经过

11 月 13 日零时 45 分, 该储运经营部东侧浦江码头岗亭值班员陆正兴发现棉花仓库东北侧的路灯下有烟雾飘动, 即用内线电话通知棉花仓库门卫值班员孔福根, 同时赶往棉花仓库发现棉花仓库三楼北墙东侧的窗户处有烟冒出。二人再回到仓库门卫室拿好钥匙, 打开楼梯口的铁门, 沿楼梯上至三楼天井平台处时看到三楼东区西侧的北门和南门处均有浓烟冒出, 人已无法进入。二人遂又回到仓库门卫室打 "119" 报警。

(二) 火灾事故的原因

经调查, 火灾系三杰区棉花仓库内人员违章吸烟, 遗留的火种引燃棉包所致。

三、火灾事故处理情况

经营部业务股股长助理吴德虎对火灾负有直接责任, 失火后又隐瞒事实真相, 移交司法机关追究刑事责任; 储运经营部党支部书记、防火安全领导小组组长杜银祥对该起火灾负有直接领导责任, 上级行政主管部门对其撤销职务; 储运经营部经理赵飞对该起火灾负有主要领导责任, 上级行政主管部门对其给予行政记大过处分; 储运经营部副经理曹荣金对该起火灾负有间接领导责任, 上级行政主管部门对曹荣金给予行政记过处分; 储运经营部保卫股股长吴盛泳对该起火灾负有间接责任, 上级行政主管部门对其撤销职务; 储运经营部棉花仓库门卫孔福根对火灾负有直接责任, 失火后未及时报警, 并隐瞒事实真相, 单位对其作出行政记大过处分; 中国农业生产资料上海分公司总经理、法定代表人张荫萱对该起火灾负有领导责任, 上级行政主管部门给予通报批评; 中国农业生产资料上海分公司党委书记兼副总经理季雪良对该起火灾负有领导责任, 上级行政主管部门给予行政记过处分。对中国农业生产资料上海分公司吴泾储运部擅自改消防设施处以 10 万元罚款。

思考题

火灾事故应汲取的主要教训有哪些?

参考答案 ➡

（1）法制观念淡薄，超量储存。

（2）消防设施不完善，防火分区过大。

（3）发现晚，报警迟，延误了最佳灭火时机。

（4）制度不落实，管理人员不到位。

（5）对火灾隐患整改不力，消防安全制度不落实。

四、评价标准（如表6-1所示）

表6-1　　　　　　　　　　　　仓库防火灭火评分表

被考评小组					
考评地点					
考评内容	仓库防火灭火				
考评标准	内　　容	分值（分）	自我评价（分）	小组评议（分）	实际得分（分）
	态度端正	35			
	语言表达	35			
	小组分工	10			
	竞赛能力	20			
合计		100			

注：1. 实际得分 = 自我评价40% + 小组评议60%。

　　2. 考评满分为100分，60~74分为及格；75~84分为良好；85分以上为优秀（包括85分）。

五、实训总结

_____

_____

_____

_____

_____

_____

_____

_____

能力知识点 2 仓库安全技术工作

一、实训任务

仓库安全的技术工作（PPT）。

二、实训目的

让学生掌握仓库安全技术工作的主要内容。

三、实训步骤

步骤一：教师将班级学生分成 9 组，每组 5 人。

步骤二：每个小组人员搜集仓库安全的技术工作的材料，最后制作成 PPT。

步骤三：各小组选代表讲解 PPT。

步骤四：学生自评、教师点评。

四、评价标准（如表 6-2 所示）

表 6-2 仓库安全技术评分表

被考评小组					
考评地点					
考评内容	仓库安全技术				
考评标准	内　容	分值（分）	自我评价（分）	小组评议（分）	实际得分（分）
	态度端正	35			
	语言表达	35			
	小组分工	10			
	竞赛能力	20			
合计		100			

注：1. 实际得分 = 自我评价 40% + 小组评议 60%。

2. 考评满分为 100 分，60~74 分为及格；75~84 分为良好；85 分以上为优秀（包括 85 分）。

五、实训总结

_____

_____

_____

能力知识点3　仓库机械作业安全

一、实训任务

看图分析叉车操作安全事故的原因及对策。

二、实训目的

学生能熟悉装载要领。

三、实训步骤

步骤一：教师准备 PPT 资料。

步骤二：教师播放 PPT 资料，学生进行分析、讨论。

步骤三：学生对分析结果进行汇报。

步骤四：教师点评。

资料一：无证驾驶员急转弯时翻车（如图6-1所示）

图6-1　无证驾驶员急转弯时翻车

事故原因：

（1）无证驾驶；

（2）速度过快，转弯时方向转得过急；

（3）钥匙没有拔下，管理上有问题。

事故对策：

（1）叉车比轿车小转弯性能好，在转弯时要降低速度；

（2）叉车必须要持有叉车驾驶证的人才能驾驶；

（3）要妥善管理叉车，离开叉车时务必注意不要忘记将钥匙拔下。

资料二：工作场地的步行者被撞（如图 6-2 所示）

图 6-2　工作场地的步行者被撞

事故原因：

（1）自认为工作场地内没人，在视野被挡的情况下仍向前行驶；

（2）未通知相关作业人员在正式工作前有临时作业。

事故对策：

（1）装卸货物导致不能确认前方视野时，应倒退行驶；

（2）不得在视野被挡的情况下行驶时，应安排引导员等，建立完全的监视体制；

（3）即使是临时作业，也要制定相应的作业计划，并将作业内容详细地通知相关人员。

资料三：在提升的托盘上进行作业而坠落（如图 6-3 所示）

图 6-3　在提升的托盘上进行作业而坠落

事故原因：

受害人站在提升到 2m 高的托盘货物上作业。在打算去取堆积在上面的货物时，挂脚的积载物翻落，受害人也随之坠落。

事故对策：

（1）禁止站在托盘上作业；

（2）不得不在托盘上作业时，应使用固定在货叉架上的扶手或有框的托盘。作业者还应系上安全带。

四、评价标准（如表 6 -3 所示）

表 6 -3 　　　　　　　仓库机械安全作业评分表

被考评小组					
考评地点					
考评内容	仓库机械安全作业				
考评标准	内　　容	分值（分）	自我评价（分）	小组评议（分）	实际得分（分）
	态度端正	35			
	语言表达	35			
	小组分工	10			
	竞赛能力	20			
合计		100			

注：1. 实际得分 = 自我评价 40% + 小组评议 60%。

　　2. 考评满分为 100 分，60 ~ 74 分为及格；75 ~ 84 分为良好；85 分以上为优秀（包括 85 分）。

五、实训总结

能力知识点4　危险品保管和作业安全

一、实训任务

危险品保管（制作 PPT）。

二、实训目的

让学生熟悉危险品保管和作业安全。

三、实训步骤

步骤一：教师将班级学生分成9组，每组5人。

步骤二：每个小组人员搜集危险品保管和作业安全的材料，最后制作成 PPT。

步骤三：各小组选代表讲解 PPT。

步骤四：学生自评、教师点评。

四、评价标准（如表6-4所示）

表6-4　　　　　　　　　　危险品保管及作业安全评分表

被考评小组					
考评地点					
考评内容		危险品保管及作业安全			
考评标准	内　容	分值（分）	自我评价（分）	小组评议（分）	实际得分（分）
	态度端正	35			
	语言表达	35			
	小组分工	10			
	竞赛能力	20			
合计		100			

注：1. 实际得分 = 自我评价40% + 小组评议60%。

　　2. 考评满分为100分，60~74分为及格；75~84分为良好；85分以上为优秀（包括85分）。

五、实训总结

_____

_____

能力知识点5　其他商品的安全管理

一、实训任务

商品的安全管理（制作PPT）。

二、实训目的

让学生了解常见的几种安全问题。

三、实训步骤

步骤一：教师将班级学生分成9组，每组5人。

步骤二：每个小组人员搜集金属废料的安全管理、电器的安全管理、个人安全防护和库房建筑安全等方面的资料。

步骤三：各个小组选择自己讲解的内容，并收集相应资料，制作成PPT。

步骤四：学生自评、教师点评。

案例　条码在食用农副产品质量安全管理中的应用

上海农副产品的生产、销售，虽然在量上占全国比重不是很大，但是企业化、规模化程度较高，相当部分食品已通过"绿色食品"、"安全卫生优质产品"、"无公害食品"等认证。但是，由于缺乏科学有效的生产、销售等过程的信息追溯，市场上假冒认证的产品混杂。而真正优质的农副产品的生产经营者又缺乏向消费者证明其产品是令人放心的有效手段，使消费者购买农副产品时，经常有不信任感。虽然个别企业在互联网上提供产品质量及生产过程的信息查询，但编码不够科学，普通市民上网查询很不方便，更无法在购买现场查询到详细的产品信息。

因此，必须采用科学的标识方法，对农副产品的重要生产信息进行标识。这样就能依靠自动识别技术和计算机网络技术，为消费者提供方便的信息查询方法，让消费者放心购物，放心食用。

上海市农委有关单位要通过完成科技兴农重点攻关项目，建立一个以上海为中心，涵盖全国的食用农副产品质量安全信息平台，其中一项重要内容就是要在大型超市等购物场所，建立一个让老百姓方便查询农副产品质量信息、放心购物的查询平台。

本项目的主要目的是在大型超市等购物场所，建立一个农副产品质量信息的查询平台。通过该平台，老百姓可以方便地查询到某一件农副产品是否为安全产品；农副产品生产企业能够实现生产过程的标准化，并保证产品质量的可追溯性；政府的"市民工程"能够落到实处，并加大"菜篮子"产品生产环节的监管力度，从源头上保证产品安全卫生。同时，在良好的农副产品生产环境中，生产企业可以由被动接受监督管理变为主动生产无公害、无残毒、安全卫生的农副产品，这是农业发展的根本出路和长远大计。

思考题 →

条码在食用农副产品质量安全管理中的应用意义。

参考答案 →

农副产品采用安全信息条码后，消费者可以在选购时详细了解产品的生产过程信息、检验信息，大大增加对产品质量安全的信心，提高了对品牌产品的信任度。超市安装信息查询平台后，有利于创造一个良好的、令人放心的购物环境，提高自身商品质量管理水平和企业形象，更好地吸引消费者，提高竞争力。通过与有关政府部门的共同努力，还把与产品有关的 QS 认证信息、打假信息加入到查询平台，使消费者更加全面地了解农副产品的有关情况。

四、评价标准（如表6-5所示）

表6-5　　　　　　　　　　商品安全管理评分表

被考评小组					
考评地点					
考评内容		商品安全管理			
考评标准	内　　容	分值（分）	自我评价（分）	小组评议（分）	实际得分（分）
	态度端正	35			
	语言表达	35			
	小组分工	10			
	竞赛能力	20			
合计		100			

注：1. 实际得分 = 自我评价40% + 小组评议60%。

　　2. 考评满分为100分，60~74分为及格；75~84分为良好；85分以上为优秀（包括85分）。

五、实训总结

_____

_____

_____

_____

_____

_____

_____

_____

能力知识点6 劳动保护

一、实训任务

劳动保护法。

二、实训目的

让学生了解劳动保护法。

三、实训步骤

步骤一：教师组织安排学生了解劳动保护法。

步骤二：学生整理劳动保护法中的重要条款。

步骤三：制作成 PPT，并对案例（见案例1、案例2）进行讲解。

步骤四：学生自评、教师点评。

案例1

某企业招用了一批合同制工人，其中有两名刚满 15 周岁。劳动合同中约定，工人入厂时，需交身份证以作抵押，合同期限五年，其中试用期为 1 年，在履行合同过程中，若发现不能胜任工作，企业可随时解除劳动合同。法定节日需照常工作，工资不变。每 3 个月发放一次工资。

思考题 ✤➤

1. 企业的招工行为中有哪些违反了劳动法的有关规定？
2. 劳动合同的内容有哪些违反了劳动法的有关规定？

参考答案 ✤➤

1. 该企业招用未满 16 周岁的未成年人做职工，违反劳动法规定。

2. 企业的劳动合同中有下列违反劳动法规定的条款：

（1）以身份证作抵押物，违反劳动法规定；

（2）劳动法规定试用期为 6 个月，该劳动合同规定试用期为 1 年，超过 6 个月，属于违反劳动法的有关规定。

（3）劳动者不能胜任工作，需经过培训或者调整工作岗位，仍不能胜任工作，用人单位才可解除劳动合同，且必须提前 30 日以书面形式通知劳动者本人。

（4）劳动法规定法定休假日安排劳动者工作，应支付不低于工资的 300% 的工资报酬，该劳动合同规定法定节日需照常工作，但工资不变是违法的。

（5）工资应当以货币形式按月发放，而不能 3 个月发一次。

案例 2

2013 年 6 月，张某作为农民工与一家印刷厂签订了一份劳动合同，合同中一条规定是："若发生死伤事故，企业概不负责。"签合同时由于张某生活窘迫，十分渴望得到这份收入较高的工作，考虑到自己年轻力壮，只要谨慎小心就不会出事，所以便怀着侥幸心理在合同上签了字。2013 年 12 月，张某在操作切割设备时，左手的四个手指不慎被切断。事故发生后，张某先后住院治疗 60 多天，花去手术费、住院费、治疗费等费用 6700 多元。伤愈出院后，张某所在的印刷厂表示"企业只负担其住院期间的工资，医疗费用由职工自付"。

对此，张某及其亲属多次找印刷厂要求支付医疗费，该厂则以劳动合同中约定"发生死伤事故，企业概不负责"的条款为由拒绝支付。

思考题 ✤➤

请就下列问题进行讨论：

1. 请根据所学知识和相关法律规定分析印刷厂与张某之间的法律关系是什么关系？这种关系是否受劳动法的调整？

2. 请根据所学知识和相关法律规定分析张某与印刷厂签订的劳动合同是否有效？其中的免责条款是否有效？为什么？

3. 请根据所学知识和相关法律规定分析张某能否向劳动争议仲裁委员会申诉？本案应如何处理？

参考答案 ◆▶

1. 印刷厂与张某之间形成的法律关系是劳动关系，这种关系受我国《劳动法》的调整。

2. 张某与印刷厂签订的劳动合同部分有效。其中的一条"若发生死伤事故，企业概不负责。"条款无效。

对劳动者实行劳动保护，在我国宪法中已有明文规定，这是劳动者所享有的权利，我国《劳动法》第一条同时也将保护劳动者的合法权益作为劳动法的原则和宗旨之一。而本案中，印刷厂在与张某签订合同中，都利用本身优势，将此条款强加予劳动者，这很明显是违法的，也严重违反了社会主义公德，应属于无效。该条款的无效不影响劳动合同中其他条款的效力，根据我国《劳动法》第18条的规定，其余条款仍然有效。

3. 张某有权向劳动仲裁委员会申诉，这符合我国《企业劳动争议处理条例》中第2条规定。

劳动仲裁委员会受理本案后，应先进行调解，对企业的负责人进行法制教育，说服其依法给予张某工伤保险待遇，如调解不成，应裁决印刷厂向张某支付其花去的6700多元在内的全部工伤保险待遇。

四、评价标准（如表6-6所示）

表6-6   劳动保护评分表

被考评小组					
考评地点					
考评内容		劳动保护			
考评标准	内　　容	分值（分）	自我评价（分）	小组评议（分）	实际得分（分）
	PPT制作	35			
	案例分析	35			

考评标准	内　　容	分值（分）	自我评价（分）	小组评议（分）	实际得分（分）
	小组分工	10			
	竞赛能力	20			
合计		100			

注：1. 实际得分 = 自我评价40% + 小组评议60%。

　　2. 考评满分为100分，60 ~ 74分为及格；75 ~ 84分为良好；85分以上为优秀（包括85分）。

五、实训总结

参考文献

［1］王爽．物流仓储与配送实务［M］．北京：中国劳动社会保障出版社，2012.

［2］李陶然．仓储与配送管理实务［M］．北京：北京大学出版社，2012.

［3］邵祥东．仓储与配送实务［M］．北京：北京理工大学出版社，2013.

［4］陈雄寅．仓储与配送实务［M］．上海：华东师范大学出版社，2013.

［5］张议，戴敏华．仓储与配送实务理实一体化教程［M］．西南交通大学出版社，2013.

［6］蓝仁昌．仓储与配送实务［M］．北京：中国财富出版社，2011.

［7］彭建成，张平．仓储与配送作业实务［M］．北京：清华大学出版社，2012.

［8］周轩．仓储管理职位工作手册［M］．北京：人民邮电出版社，2012.

［9］唐连生，李滢棠．库存控制与仓储管理［M］．北京：中国财富出版社，2012.

［10］陈建平．仓储设备使用与维护［M］．北京：机械工业出版社，2011.